생활 호신술 및 성폭력의 유형과 예방

신현무 지음

가림출판사

책머리에

　복잡한 현대사회의 공공질서는 공권력에 의하여 유지되고 있지만, 현시대를 살아가는 일상생활 속에서 자신에게 언젠가는 닥쳐올지 모르는 위험에 대하여서는 늘 불안한 마음과 자신을 스스로 지켜야 한다는 강박관념은 항상 불안감으로 자리를 잡고 있습니다. 그러나 어떻게 자신을 방어할 것인가에 대하여는 깊게 생각하지 못하고 살아가는 것이 현대인의 생활입니다.
　'호신술' 하면 무술종목을 다년간 수련하여 유단자 이상이 되었을 때 할 수 있다고 생각하기 때문에 생활 속의 호신술은 점점 더 거리가 생기고 두려움이 앞서는 선입견을 가지게 되는 것이 현실입니다.
　대학에서 다년간 호신술을 지도하면서 실전 경험과 교육의 실질적 효과도 거두면서 일반인들도 쉽고 편하게 익힐 수 있고 실전에서 부담 없이 활용할 수 있는 호신술은 무엇일까를 고민하게 되었습니다.
　특히 성폭력의 최대 피해자인 여성들이 호신술을 자신과는 상관 없고 영화속에서나 주인공들이 멋있게 연출하는 장면만 상상하고 마는 것이 아니라, 쉽게 배워 활용할 수 있는 길잡이 역할을 해줄 책의 필요성을 절감하게 되었습니다.
　더욱이 기존에 발간되어 있는 호신술 교본을 보면 무술을 하지 않은 초보자 입장에서는 무술 고단자인 저자의 뜻을 이해하지 못하기 때문에 점점 더 멀어질 수밖에 없는 것이 안타까웠습니다.
　이제는 누구나 이 책을 보면 호신술을 쉽게 이해하고 간단하고 편리하게 배워 자신을 지킬 수 있는 상식적인 부분이라는 것을 알리고자 이 책을 집필하게 되었습니다.
　미흡하지만 앞으로 일상생활 속의 호신술로 발전할 수 있도록 지속적으로 연구하고 노력을 하는 계기로 삼고자 합니다.
　앞으로도 여러분의 많은 지도 편달을 부탁드립니다.

저자 **신 현 무**

제1부 ○ **생활 속의 호신술 _ 11**
1. 호신술의 유래 및 역사 _ 13
2. 호신술의 사전적 의미와 정의 _ 23
3. 호신술의 과학적 근거 _ 30
4. 호신술이 왜 필요한가 _ 33
5. 호신술은 어떻게 구성되어 있는가 _ 43
6. 호신술의 원리란 무엇인가 _ 46
7. 호신술에는 어떠한 기법과 기술이 있는가 _ 49
8. 호신술은 어떠한 효과가 있는가 _ 59
9. 정당방위란 _ 63
10. 상황별로 알아보는 생활 속의 호신술 _ 70

제2부 ○ **생활 호신술 실기 _ 75**
1. 생활 호신술 실기 기술 _ 77
2. 실제 상황에서의 실기 _ 80
  ● 치한에게 동일 방향의 한쪽 손목을 잡혔을 경우 _ 80
  ● 치한에게 반대 방향 즉 교차 방향으로 한쪽 손목을 잡혔을 경우 _ 81
  ● 치한에게 전면에서 두 손목을 동시에 잡혔을 경우 _ 84
  ● 치한이 뒤에서 목을 감아서 조르는 경우 _ 87
  ● 치한이 뒤에서 팔을 안으로 넣고 자신을 안았을 경우 _ 90
  ● 치한이 뒤에서 팔을 밖으로 넣고 자신을 안았을 경우 _ 93
  ● 치한이 앞에서 안으려고 할 경우 선제공격 제압법 _ 99
  ● 치한에게 한 손으로 멱살을 잡혔을 경우 _ 103
  ● 치한에게 양손으로 멱살을 잡혔을 경우 _ 106
  ● 치한에게 허리띠를 잡혔을 경우 _ 109
  ● 치한이 발차기로 공격을 할 경우 _ 112
  ● 치한이 강제로 키스할 경우 _ 115

- 치한이 뒤에서 어깨를 잡을 경우 _ 117
- 치한이 앞머리를 잡을 경우 _ 118
- 놀이터에서 위협당할 경우 _ 120
- 해수욕장에서 위협당할 경우 _ 121

제3부 성폭력의 유형과 예방 _ 123
1. 성폭력의 정의 및 개념 _ 125
2. 성폭력이란 _ 137
3. 성폭력 범죄의 원인 _ 140
4. 성폭력의 유형 _ 146
5. 성폭력 예방 방법 _ 153
6. 성폭력에 대한 잘못된 편견 _ 158
7. 성폭력 후유증 _ 165
8. 성폭력에 대한 대처행동 _ 166
9. 성희롱이란 _ 169
10. 성희롱 예방 방법 _ 174

부록 _ 189
성폭력 범죄의 처벌 및 피해자 보호 등에 관한 법률 _ 191
전국 성폭력 상담소 · 보호시설협의회 주소록 _ 213
전국원스톱지원센터 주소록 _ 223

참고문헌 _ 224

생활 속의 호신술

1부

① 호신술의 유래 및 역사

　호신술의 역사를 정확하게 가늠하기는 불분명하지만 인간이 지구상에서 존재하기 이전부터라고 말할 수가 있다. 왜냐하면 이 세상에서 생명체가 존재하면서 각종 위험으로부터 본인의 생명을 스스로 보호하고자 하는 본능이 호신술의 원초적인 시작이기 때문이다.

　원시인은 자신의 생명과 종족을 보호하기 위하여 어떠한 수단과 방법을 동원하여서라도 자연과 함께 어울리면서 의식주를 해결해야 했을 것이다. 그러다보니 다른 종족보다 싸움도 더 잘해야 하고 때로는 물건을 강탈하기도 하며 각종 사나운 동물들의 습격으로부터 본인은 물론 어리고 나약한 종족을 보호하여야 하는 방법이 발달했을 것이다. 이렇게 발달한 수단들이 지금의 호신술로 점점 자리 잡은 과정을 호신술 역사의 일부라고 할 수 있다.

　호신술은 자신을 보호하고자 하는 가장 기초적인 본능이 그 시초라고 할 수 있다. 자신의 몸을 지키려고 하는 의식이나 행동은 인간뿐만 아니라 모든 생명체에 똑같이 적용되고 있다. 이 사실은 작은 플랑크톤에서부터 거대한 고래에 이르기까지 어떠한 상황과 환경에도 똑같이 일어나는 것을 관심 있게 관찰을 하여본다면 누구나 알 수 있다.

　환경과 문화, 생활의 습관 등에 이르기까지 처음에는 인간이 자연과 더불어 순응하면서 생활하다가 지식이 발달하고 편리함을 알게 되고 미래를 생각하다 보니 자연발생적으로 무술이 발달하게 되었다. 종족 간에, 부족 간에, 더 나아가서는 국가적인 차원의 전쟁을 치르면서 보호 본능이 발달하게 되었고, 문명과 과학이 발달하면서 호신술도 전문적인 지식으로 체계를 갖추었다. 즉 시대 변화에 따라 호신술이 정립되어 왔다.

호신술은 처음에는 단순히 자신만을 지키기 위한 단계에서 가족을 위한 호신술로, 그 다음은 종족 단위로, 그 다음은 더욱더 발달하여 국가 단위로 발전하는 동시에 무기의 발달과도 연관한 호신술로 발전하게 되었다.

이렇게 발전을 거듭하여온 호신술은 각국의 대표적인 무술로 자리매김을 하였고 더욱이 세계 모든 국가가 인정하는 올림픽 종목은 물론 국가를 상징하는 다양한 무술로 인정받으며 발전에 발전을 거듭하여 왔다.

◉ 각 나라별 무술의 종류

1) 한국의 대표 무술 태권도

한국의 태권도는 2,000년 전 한국에서 독자적으로 창시된 고유의 전통 무술로, 오늘날 세계적으로 인정받는 무도 스포츠가 된 격투기 중의 한 종목이다.

태권도는 이제 세계 각국에서 수련을 하고 국제적으로 공인된 스포츠로 2000년 제27회 시드니 올림픽경기대회에서 정식 종목으로 채택되면서 남녀노소 누구나 즐기고 가장 쉽게 접근할 수 있는 운동으로 발전하였다. 수련생의 폭발적인 증가와 많은 사랑으로 세계인의 주목을 받는 대표적인 무술로 발전하였다.

태권도는 전신 운동으로서 상대편에게 공격을 받았을 때 맨손과 맨발로 인체의 관절을 무기화하여 자신을 방어하고 공격하는 무도이다. 또한 수련으로 심신 단련을 꾀하고 강인한 체력과 굳은 의지로 판단력과 자신감을 길러 강자에게는 강하고 약자에게는 유하며, 예의 바른 태도로 자신의 덕을 닦는 행동 철학으로 무도 정신과 예의 바른 스포츠 경기의 하나로 한국을 상징하는 종목으로 변화하였다.

태권도의 정신은 꾸준한 심신 수련의 효과로 얻어지는 기술의 소산이다. 그 심신 기술의 덕목을 살펴보면 다음과 같다.

예의, 염치, 인내, 극기, 백절불굴

심신 수련의 기본을 바탕으로 강한 정신력과 인내력을 요구하면서 타 종목 무술과의 차이점을 발전의 원동력으로 삼으면서 한국을 대표하게 되었다.

2) 일본의 유도

온몸을 사용하여 2명의 선수가 상대를 공격하거나 공격해오는 상대를 힘의 역학으로 허점을 찔러 승패를 겨루는 격투 경기다. 현대 유도는 I. J. F.의 정관 제1조 3항에 'The I. J. F. recognizes Judo, as a system of physical and mental education created by Jigoro

Kano, which also exist as a olympic sport' 라고 하였는데 가노지고로에 의해 심신의 교육 체계로 창안되었으며, 오늘날은 올림픽 종목으로 인정받고 있다.

국제적인 유도경기단체인 I. J. F.는 1951년 유럽 13개국, 범아메리카 4개국 , 오세아니아 1개국, 아시아 1개국 등 총 19개 회원국으로 결성되었다.

1999년 10월 현재 아프리카 40개국, 아시아 36개국, 유럽 50개국, 오세아니아 16개국, 아메리카 40개국 등 182개국의 회원국을 두고 있으며, 한국은 1956년 5월에 가입하였다.

세계대회를 보면 1956년에는 도쿄에서 제1회 세계유도선수권대회가 열렸으며, 1960년 제17회 로마 올림픽경기대회 총회에서 올림픽 선택 종목으로 결정되어 1964년 제18회 도쿄 올림픽경기대회에서 정식 종목으로 선보였으며 국제적인 경쟁스포츠로서 발전하게 되었다.

I. J. F.는 현재 전 세계를 통해 유도에 대한 이익 보호와 5개 대륙연맹의 협조 아래 올림픽대회의 유도 경기뿐만 아니라 2년마다 세계선수권대회, 세계청소년유도선수권대회가 열리고 있으며, 4년마다 월드컵대회를 개최하여 전 세계에 유도를 조직화하고 유도의 정신과 기술을 보급 발전시키며, 유도의 국제 규정을 제정하고 있다.

3) 태국의 무예타이

무예타이 혹은 타이복싱이라고 불리는 이 격투술은 태국을 대표하는 전통무술이자 대중 스포츠로 약 천 년 이상의 역사를 자랑한다.

글러브와 팬츠만을 착용하는 타이복싱 시합은 격투에 대해 모르는 사람에게는 신발을 신지 않는 것 외에는 겉으로 보기에 권투시합과 다르지 않을 것이다.

하지만 타이복싱 시합은 복싱보다 훨씬 과격하고 공격 방식이 다양하며 타격 범위도 넓다. 머리를 때리고 낭심을 가격하는 것을 제외하면 주먹, 팔꿈치, 무릎, 킥으로 어디든지 타격을 할 수 있다. 경기가 3분 5회전으로 영국식 권투와 달리 짧은 것도 이렇게 경기 강도가 높기 때문이라고 할 수 있다.

무예타이 시합은 매일 열리고 텔레비전에 중계되어 높은 시청률을 보일 만큼 대중적으로 인기가 높다. 태국인들은 무예타이가 세계 최강의 무술임을 믿어 의심치 않고 커다란 자부심을 가지고 있다. 평생 무예타이를 한 번도 하지 않는 남자가 드물 정도라고 한다.

무예타이를 수련하는 도장은 전체적으로 6천 개가 넘으며 선수층도 약 6만여 명에 달한다고 한다. 훈련받고 있는 선수들은 대부분 타이 동북부에서 소작으로 연명하고 있는 라오족들로, 이들에게 무예타이는 빈곤에서 벗어나는 유일한 기회이기에 경쟁이 치열할 수밖에 없다. 단 한번이라도 경기에 패배하면 고향으로 돌아가야 하기 때문에 대부분 시합은 생존을 위한 격투 그 자체라고 할 수 있다. 태국에서 무예타이는 세계 챔피언의 개념이 없고, 방콕에서 가장 큰 룸피니나 라차담논 경기장의 챔피언을 더 높게 인정한다.

무예타이는 다른 나라의 무술 시합과는 사뭇 양상이 다르다. 태국에서는 타이복싱 시합이 관중들의 열광 속에서 매일 열리는데 가난한 선수들이 치열한 경쟁을 뚫고 시합을 하는 이유는 돈 때문이라고 할 수 있다. 타이복싱은 돈이 걸린 내기 시합이 대부분이다. 가난한 서민들은 시합에 돈을 걸면서 일희일비하며 하루의 피로를 씻고, 가난한 선수들은 파이트 머니와 명예를 위해 매일 사투를 벌인다.

두터운 선수층, 높은 수준의 경기, 세계의 온갖 타격기 중에서도 가장 개방된 룰로 시합을 하는 점, 그리고 타 유파와의 시합도 마다하지 않는 점 때문에 무술을 아는 사람들은 무예타이가 지상 최강의 타격기라고 말하기도 한다. 1차 세계대전 이후부터 알려진 무예타이는 킥복싱의 뿌리이고 현대에 이르러 가라데를 비롯한 기타 동서양의 무술에 많은 영향을 미친 무술이라고 할 수 있다.

4) 중국의 쿵푸

중국에서 유래되어 세계 각지로 전파된 무술로 광동성이나 푸젠성 등 남방 출신이 전한 남파권술이 많고, 원조격인 북파권술은 거의 알려져 있지 않다. 쿵푸가 무술로 처음 선을 보인 것은 B. C. 12세기 이전으로 본다.

쿵푸의 기본 자세는 직립 자세를 비롯하여 개구리, 용, 뱀, 기마 등 5가지다. 기술로는 권법으로 순보추, 요보추, 지르기 기술로는 권추, 찬추, 봉추, 벽추, 막아내기 기술로는 압수, 투수, 두수 등이 있다. 또 기본 보법으로는 원로보, 투보, 삼재보가 있으며, 차기 기술로는 요음각, 고축퇴, 호미각, 패각 등이 있다. 이러한 기술은 기본기와 단련법으로 나누어져 단계에 따라 실시되며 실전 위주의 권법으로 행해지고 있다.

쿵푸는 어떤 경지에 이르는 솜씨를 위해 감정 등을 개입하지 않고 신중하게 준비하는 것을 의미하기도 하므로 무술 경기뿐만 아니라 건강법으로도 진보하여 크게 변화하기도 하였다.

5) 브라질의 카포에이라

카포에이라는 브라질의 전통무술이자 전통춤으로서 언뜻 보아서는 그냥 굉장히 격렬한 춤같이 보인다. 사실은 과거 유행했던 브레이크댄스도 사실은 카포에이라에서 비롯된 것이다.

카포에이라의 기원은 대서양을 건너 브라질로 끌려온 400여만 명의 노예에서 시작되었다. 당시 브라질 정부는 노예의 반란을 우려하여 흑인들의 무술을 엄격히 금지하였고, 이에 노예들은 자신들의 신체를 스스로 방어하기 위하여서 무예를 춤으로 가장하여 교묘히 전수해왔다. 사탕수수밭에서 손이 묶인 채로 살아야 했으므로 그들의 무술은 자연히 화려한 발 기술과 기상천외한 몸동작으로 이루어지게 되었다. 카포에이라는 항상 북소리와 음악에 맞추어 연무하게 되어 있으며, 몇 가지 규칙 안에서 상당히 즉흥적으로 이루어진다.

6) 네덜란드의 화란 무도술

화란 무도술은 네덜란드 암스테르담 북쪽 도시 민속 마을 볼렌담(Volendam) 전통 민속문화무용과 어우러져 계승되어온 무술이다. 이는 검투사들이 칼, 도끼, 철퇴방망이 등 각종 공격 무기로 승부를 가리거나 맨손 격투를 할 때 잡고, 꺾고, 비틀고, 메치고, 레슬링 같은 기술을 사용하며 공중회전차기로 낙법하여 목표물을 치는 격투 무술이다. 또한 한국의 무술인 김기백이 네덜란드에 진출하여 네덜란드의 전통 민속춤인 검투술과 한국의 화랑 무술을 합하여 현대화한 무술이다.

7) 스리랑카의 가라바라

불교가 도입되기 이전 스리랑카 왕국에는 고도의 기술과 재능을 가진 부족장과 전사들이 존재하였는데, 이들은 검술, 창술, 궁술, 격투기 등에 두루 능한 만능 무사들로서 매우 용감하고 잘 싸웠다고 전해진다. 그러나 외세의 침략과 더불어 이 무예는 점차 쇠퇴의 길을 걸었고 식민 시대에는 수련이 금지되기도 하였다.

이후에 운동과 춤의 형태로 대중 속에서 계승되어온 '안감포디'는 적에게 치명상을 입히지 않는 개인적인 수련에 비중을 두는 무술이 되었다. 오늘날 안감포디의 정신을 계승하여 변형 · 발전된 가라바라는 공격과 방어에 팔꿈치와 무릎, 발꿈치를 독특하게 사용한다.

8) 프랑스의 사바테

프랑스를 대표하는 무술 사바테가 생겨나게 된 배경에는 두 가지 설이 있는데, 하나는 프랑스 군대에서 발로 엉덩이를 차는 기합이 발전했다는 것이고, 다른 하나는 19세기 초반에 강도들이 대항하기 위한 싸움의 한 방법으로 발생하였다는 것이다.

사바테는 프랑스 군대의 검술 사범들의 기본 교과목으로 채택되었고, 군대와 학교를 중심으로 널리 유행하게 되었다. 잠깐의 침체기를 거쳐 1924년 파리 올림픽에 시범 종목으로 채택되었다.

사바테는 1800년대 초 Michel Casseux가 동작을 연구하고 가장 복잡한 기술을 단순화하였다. 그는 여러 공격 방법 목록을 작성하고 분류하면서 기본적인 체계를 갖출 수 있었다. 이후 Michel Casseux의 제자들이 사바테의 기술을 점차 발전시켰다.

9) 러시아의 삼보

삼보는 러시아어 'Samozashchitya Bez Oruzhya'의 약자로서 '무기를 사용하지 않는 맨손 호신술'이란 뜻이다.

1938년 당시 전 소련 체육스포츠위원회가 아르메니아, 아제르바이잔, 우즈베키스탄, 몽골 그리고 일본 등의 무술을 연구·분류·정리하고 전문가들을 소집하여 새로운 격투 체계를 만들어 '삼보'라고 명명한 것이 바로 그 출발점이다.

삼보 경기는 상체는 유도복과 비슷한 삼보 재킷, 스밧츠라는 몸에 달라붙는 타이즈를 입으며, 삼보 슈즈를 신고 레슬링 매트 위에서 한다.

삼보는 손과 발 모두를 사용하는 종합 격투기로 유도, 레슬링과 유사한 굳히기, 메치기, 태클, 꺾기 등 다양한 기술이 있다.

삼보는 1969년부터는 국제 아마추어 레슬링의 정식 관리 종목으로 인정받아 국제 경기로 보급되었고, 1972년 제20회 독일의 뮌헨 올림픽 종목으로도 채택되었다. 또한 1966년 이래 국제 아마추어 레슬링 연맹 산하에 있던 것을 1984년 65개 회원국의 찬성으로 세계연맹 창설을 결의하였고, 1985년에 삼보세계연맹을 스위스의 빌바오에 창설하였다.

10) 그리스의 판크라치온

B. C. 648년부터 고대 그리스 올림피아드의 정식 종목으로 채택되어 많은 인기를 누렸으며, 그리스의 많은 철학자들에게 '올림피아드에서 가장 가치 있는 경기'라는 극찬을 받을 만큼 그 위상이 높았다.

판크라치온은 일정한 무기와 보호 장구 없이 맨손으로 대개 축축한 모래나 진흙 위에서 펼쳐졌고, 주먹지르기, 발차기, 꺾기, 던지기, 조르기 등 격투기의 모든 기술이 허용되었으며, 따로 특별한 규칙이 없었다. 그런 만큼 위험한 요소가 많아 고대에는 경기 중 죽음에 이르는 선수도 있었다고 한다.

판크라치온은 발상지인 그리스를 중심으로 오늘날까지 그 명맥을 이어오고 있다. 알렉산더대왕이 정복 전쟁을 통해 인도, 페르시아, 티베트 등을 점령하였을 때 병사들에 의해 판크라치온이 전 세계로 전파되기 시작하였다. 알렉산더 대왕의 아버지인 필립 2세 또한 판크라치온 선수였던 것으로 전해진다.

② 호신술의 사전적 의미와 정의

◎ 호신술의 사전적 의미

　호신술은 상대방에게 위해를 가하는 기술이 아니며 상대방의 공격을 미연에 봉쇄하고 제어하는 수세의 기술이다. 사전적 의미로는 자기의 몸을 방어하기 위한 체계, 몸을 보호하기 위한 온갖 방법으로 해석할 수 있으며, '인간으로부터의 공격뿐만 아니라 모든 주변의 사고로부터의 자기 방어 기술이다.' 라고 의미를 부여할 수 있다. 영영사전의 경우 호신술이라는 뜻의 Self - defence가 'defence of one's own body' 또는 'while defending oneself against attack'로 설명되어 있다.
　한편으로 호신술은 '몸을 지키는 기술' 이라고 해석할 수도 있으며 일상생활 가운데 뒤따르는 외부의 여러 가지 위해로부터 자기 몸을 보호하기 위한 수단이며 자기 방어 또는 일상적인 폭력 형태에 대하여 법이 허용하는 범위에서 범죄자들과 대항할 때 행사하는 대응책이라고 할 수 있다.
　그러나 현대 사회와 같이 문명이 고도로 발달된 시점에서는 조금 더 색다른 각도에서 이해가 필요하다고 할 수 있다. 단순하게 판단하여 적으로부터의 공격을 방어하는 방법 즉 치한이나 자신을 해치려는 불량배의 공격으로부터 자기 몸을 보호한다는 의미보다는 가장 쉽고 가장 합리적인 방법으로 자기 몸을 다치지 않고 보호하며 가장 이상적으로 상대를 가격하지 않고 위기를 모면하는 것을 의미하기도 한다. 다시 한번 간단하게 설명하면 가해자도 피해자도 없는 것이 가장 이상적인 호신술의 방법이다.

호신술의 정의

호신술의 정의를 살펴보면 다음과 같다.

① 백과사전의 정의 : 타인의 공격을 방어하거나 상대의 폭력을 제어하여 자신의 안전을 지키는 기술
② 국어사전의 정의 : 위험으로부터 자기 몸을 보호하기 위하여 익히는 무술
③ 영어 : Self-defence

호신술은 적극적으로 상대방에게 위해를 가하는 것에 목적을 둔 기술이 아니고 타인의 공격이나 폭력으로부터 움직임을 미리 예측하여 상대방의 급소 및 신체 부위의 약한 부분만을 골라 적은 힘으로도 상대방을 제압할 수 있는 기술을 말한다.

상대방의 피해를 최소한으로 줄이고 자신의 몸을 폭력적인 공격으로부터 안전하게 지킨다는 점이 다른 무술과의 다른 근본적인 차이이다.

호신술은 적극적인 방어가 효과적인 공격이라는 개념에서 출발한다. 그래서 호신술을 사용하는 사람은 공격자가 아니라 방어자이며 가

해자가 아니라 보호자에 해당한다.

　호신술 자체는 체계적인 기법이 없다. 호신술은 기본이 되는 도수무기(徒手武技)를 기술적으로 익히는 것도 좋다. 각종 격투기를 스포츠로 연마해두는 것도 필요할 때 요긴한 호신술이 될 수 있다. 적극적인 방어가 효과적인 공격이 되는 이치와 같이 호신술로는 도전하는 일 없이 상대방을 제압할 수 있다.

　호신술은 생활스포츠라는 점에서 다른 스포츠와 구별할 수 있다. 대부분 스포츠는 체력 단련과 대회 출전을 목적으로 하는 엘리트스포츠를 추구하고 있지만, 호신술은 여성, 학생, 연장자 등 사회적 약자가 생활 현장에서 부딪히는 폭력에서 해방을 추구한다는 점에서 엘리트스포츠와 구별할 수 있다.

　호신술의 정의를 요약하면 인간으로부터의 공격에 대비하여 싸우는 기술뿐만 아니라 모든 안전사고로부터 자신의 몸을 능동적으로 보호하기 위한 온갖 수단이다. 또한 일상생활 가운데 언제나 뒤따르는 여러 가지 외부의 위해로부터 자기 몸을 보호하기 위한 수단이며, 격투기를 수련하는 과정에서 습득한 기술과 인체의 해부학적인 근거에 입각하여 가장 쉽고 가까운 곳에서 가장 합리적인 방법으로 자신의 몸을 보호하고 나아가서는 상대를 제어하는 방법이다.

　진정한 호신술은 상대의 공격을 미리 막아내거나 봉쇄하는 것이다.

● 생활 속에서 호신술의 의미

　밀폐된 공간이나 골목길 그리고 지하 주차장 등 남을 위협하고 강탈하고 성추행 또는 성폭행, 살인으로까지 이어지는 과정에 동기나 목적이 꼭 있든, 우발적이고 사소한 것이든, 계획을 하고 범행 대상자를 물색하여 여러 가지 형태의 행동으로 대상자에게 접근하는 것이든 실제 상황과 같이 실시한다.

상대를 위협하는 방법으로 쓰이는 행위는 다음과 같은 것이 있다.

■ 걸어가면서 의도적으로 어깨를 부딪치며 시비를 거는 경우

■ 상대방이 약하다고 느끼고 접근하는 경우

▌상대방이 건방지다고 일방적으로 접근하는 경우

▌유혹하는 옷차림으로 상대방의 시선을 집중하고 꼬투리를 잡는 경우

■ 사소한 이유로 인하여 위협을 하는 경우

또 하나의 예를 들어본다면 원한, 복수, 강한 질투, 중상모략 등으로 인한 경우에는 심리적인 위압감의 동기부여로 계획적인 범행을 저지를 수 있다.

그러나 최근에는 남을 괴롭히고 범죄를 저지르는 행동에 대하여서 전혀 죄의식이 없고 오락실에서 게임을 즐기듯이 남을 위협하는 범죄자들이 많아지고 있는 것이 현실이다.

■ 게임을 즐기듯이 남을 위협하는 경우

 또한 남을 위협하거나 협박하고 괴롭히는 목적으로 불특정 다수의 일반인을 목표로 범죄를 저지르는 현실에서 일상생활 속의 호신술은 어떠한 무술을 전혀 수련하지 않았다고 하더라도 그 무예에 관한 이론을 공부하고 실기를 반복하여 연습하면 위험에 처해 있을 때 능히 상대방을 제압하고 격퇴시킬 수 있는 쉽고 실용적인 것이 생활 속의 호신술인 것이다.

③ 호신술의 과학적 근거

 호신술은 하나하나의 동작이 엄밀한 역학적인 계산에서 이루어졌다는 것을 여러 가지의 동작을 통해 각각 증명할 수 있다.
 그러므로 호신술은 적은 힘으로 강한 상대를 제압하는 순발력과 역학적인 방법을 이용해야 한다.

▍위의 내용을 분석할 수 있는 경우

해부학적인 근거

인간의 해부학적인 신체 구조는 뼈와 근육으로 이루어져 있고 인간의 골격은 다른 동물들과 달리 어느 정도 자유롭게 움직일 수 있다고 하지만 가동 범위는 어디까지나 한정이 되어 있다고 볼 수 있다.

손가락을 꺾어 아파서 괴로워하는 경우

그러므로 근육과 골격은 가동 범위를 넘어서 꺾거나 비틀어서 제압하여야 하며 신경과 혈관의 위치를 잘 파악하여 동맥 또는 기타 제지 수단으로 상대를 질식시키거나 가사 상태로 제압하여야 한다.

생리학적인 근거

인간의 신체는 저항력이 강한 부분은 세게 치거나 때려도 타격을 잘 입지 않지만 수많은 부위는 약해서 상해를 입기 쉽다. 즉 극히 적은 자극만 받아도 사망하거나 벙어리가 되거나 기절하는 위험한 급소가 온몸에 산재해 있다. 이러한 급소의 위치를 잘 파악하여 공격하면 적은 힘으로도 능히 상대를 쉽게 물리칠 수 있다.

■ 상대방의 눈을 공격하여 일어나지 못하게 하는 경우

◎ 역학적인 근거

호신술에 사용하는 기술을 하나하나 엄밀하게 분석해보면 모든 기술과 동작이 역학적으로 이루어졌다는 것을 알 수 있다. 그 중 예를 하나 들면 모든 물체는 균형을 유지하는 중심이 기울어지면 그대로 서 있지 못하므로 중심의 위치를 잘 파악하여 공격하면 적은 힘으로도 능히 큰 물체를 무너뜨릴 수 있다는 것이다. 적은 힘으로 큰 상대를 제압하는 데는 지렛대 원리를 이용하여 순간적인 기지와 역학적인 방법을 써야 한다.

④ 호신술이 왜 필요한가

　현대 사회에 호신술이 더욱 필요한 이유는 자신의 안전만을 생각하는 냉혹한 개인주의 풍조가 만연한 탓도 있지만 폭력에 맞서 이길 자신이 없는 신체적 약점 때문에 의협심을 행동으로 옮기지 못하고 방관자로 자신을 은폐하기 때문이다.

　경찰청 자료에 의하면 경찰서에 신고된 5대 범죄의 하루 평균 발생률은 다음과 같다.

　* 일일 평균 범죄 발생률

　① 살인 하루에 2~3건 정도

　② 강도 하루에 16건 정도

　③ 강간 하루에 18건 정도

　④ 절도 2분에 1건 정도

　⑤ 폭력 1분 30초에 1건 정도

　⑥ 2005년 성범죄 1만 2,446건 발생(매일 전국에서 34건 이상 일어나는 셈)

■ 5대 범죄 발생, 검거 현황

〈단위 : 건〉

구 분		2001년	2002년	2003년	2004년	2005년	2006년	2007년	2008년
계	발생	532,243	475,369	497,066	455,640	487,690	489,305	521,890	544,527
	검거	396,885	400,359	399,119	363,369	354,121	354,034	386,212	407,451
살인	발생	1,051	957	998	1,083	1,061	1,073	1,111	1,109
	검거	1,076	994	1,038	1,041	1,023	1,054	1,069	1,087
강도	발생	5,692	5,906	7,292	5,832	5,170	4,838	4,439	4,811
	검거	4,670	5,957	7,165	4,937	4,022	4,070	3,728	4,125
강간	발생	6,751	6,119	6,531	6,950	7,316	8,755	8,726	9,883
	검거	6,021	5,522	5,899	6,321	6,441	7,936	7,796	8,654
절도	발생	180,704	175,457	187,352	155,311	188,780	192,670	212,458	223,216
	검거	78,777	125,593	114,920	80,555	80,725	82,456	102,779	113,658
폭력	발생	338,045	283,930	294,893	286,464	285,363	281,969	295,156	305,508
	검거	306,341	262,293	270,097	270,515	261,910	258,518	270,840	279,927

주) 폭력은 형법상의 폭행, 상해, 체포, 감금, 협박, 약취, 유인, 공갈, 손괴와 폭력행위 등 처벌에 관한 법률 위반 행위를 합한 것임.

경찰청 통계 자료

우리는 범죄의 테두리 속에서 생활하고 있으므로 언제나 자신도 그 대상이 될 수 있음을 생각하면서 살아야 한다. 현재 우리가 생활하는 사회는 공권력에 의하여 질서와 안전과 치안이 유지가 되고 있다. 하지만 법과 원칙의 힘이 사회 질서를 유지하는 강력한 도구가 되고 안전판 역할을 하면서 공공질서의 모든 부분을 책임지고 있으며, 자신에게는 어떠한 위험도 없다고 확신하면서 살아가는 사람은 아무도 없는 것이 현실이다.

우리는 그 누구도 예상하지 못하던 최첨단 과학 시대에서 편리성과 안정성 그리고 무사 안일한 일상생활 가운데서 자신이 언제 어떻게 어떠한 상황에 처해질 것이라는 예측을 하기 힘들므로 사회적으로 일어나는 강력 사건과 폭력 사건에도 민감하게 대처하지 못하고 있다. 자신은 그 표적이 아니라고 부정하며 막상 현실 상황에 부딪혔을 때 대처할 수 있는 능력 또한 없다.

그러나 우리가 늘 생각하고 꿈꾸던 목표인 행복 추구를 위해서도 가족의 안녕과 자신의 몸을 지켜나가야 한다. 물론 자신을 지키는 방법에는 다양한 방법이 있다.

호신술은 특정 무술의 종목을 말하는 것이 아니며 어떠한 동작이든 예상치 못한 상황에서 상황에 따라 유효적절하게 활용할 수 있는 기술이면 된다. 폭력으로부터 자신을 보호할 필요가 있는 사람은 모두 해당된다.

호신술은 상대의 힘을 역이용하는 특징이 있으므로 약자가 본능적으로 자신을 보호하는 기술이기도 하다.

사람들이 남을 위협하는 이유는 반드시 동기나 목적이 있다. 남을 위협하는 동기나 목적은 아주 사소한 것에서부터 계획적으로 짜고 하는 것에 이르기까지 매우 다양하다. 상대가 약하거나 건방지다고 느끼는 경우, 돈을 갈취하고 싶은 경우, 질투, 허영심, 원한, 복수, 책략, 모략 등 여러 가지 동기가 있다. 최근에는 범죄 의식이 전혀 없이 게임을 즐기듯이 남을 위협하는 젊은이들이 많아지고 있다는 것이 참으로 걱정스러울 뿐이다.

인간으로서의 윤리관이나 도덕관념이 전혀 없는 사람들로부터 자신을 보호하고 지켜나가야만 한다는 생각은 점점 더 마음속에 자리를 크게 잡고 있는 것이 오늘날 우리에게 주어진 현실이다. 또한 풀어나가야 할 과제이다.

남을 위협하는 여러 가지 목적

▍금품만을 강탈하거나 착취하는 경우

▍신체적으로 고통을 주는 경우

정신적으로 고통을 주는 경우

공포심을 주는 경우

■ 심신에 고통을 주어 재산이나 이권을 약탈하는 경우

■ 성적인 욕구를 만족시키는 경우

■ 상대의 목숨을 노리는 경우

　이러한 목적을 위해서 남을 위협하고 목적 달성을 위해 살인까지 하는 현실에서 순간적으로 현명하게 판단하여 자기 몸을 지키는 것은 매우 중요한 일이다. 요즈음 빈번히 일어나는 강간, 폭행, 살인 등 많은 범죄가 여성을 상대로 하고 있는 것이 대부분을 차지한다.
　여성과 나이 어린 아동, 그 중에서도 여자 어린이가 범죄의 대상이 되는 것은 평소 여성들 대부분이 운동하지 않고 외모에 치중을 하다가 여러 가지의 안전사고로부터 대처 방법을 모르고 황당하다가 어이없는 참변을 당하는 경우를 우리는 각종 매스미디어를 통하여서 접할 수 있다.
　호신술의 필요성 역시 서로 다치지 않고 피해를 안 보는 것이 제일 좋은 방법이며 그것이 최선의 선택이 될 것이다. 하지만 현실에서는 그 방법이 쉽지 않다는 것을 너무나 잘 알고 사람마다 성격과 취향도 다르고 태도나 가치관이 모두 다르기 때문에 불미스러운 일로 충돌이 일어났을 경우에 얼마만큼 신속하고 정확하게 상황을 판단하여 위기를 모면하고 서로 피해가 없는 방법을 선택하여야 하는지 판단하는 것이 제일 중요한 과제가 될 것이다.

그러므로 여성과 국민들이 평상시에 호신술에 대한 개념을 정확히 이해하고 습득하여 모든 위협에서 보다 능동적으로 대처하는 것이 자신의 생명뿐만이 아니라 가정의 안정과 행복을 유지하는 방법이 될 수 있을 것이다. 일상생활 속에서 호신술을 배워야 하는 것은 여성만의 의무가 아니라 국가와 인류의 안전과 평화를 지키는 의무라고도 할 수 있다.

◎ 호신술의 필요성

운동을 하는 목적은 어느 운동이든 방법의 차이가 있을 뿐 목적은 분명히 하나일 것이다.

호신술은 개인의 능력과 수행 능력에 따라서 적성과 신체 조건에 맞는 것을 지속적으로 하는 것이 가장 중요하다. 그리고 건강하고 강인한 체력과 건전한 정신을 만드는 데 중요한 목적을 두고 있다. 또한 치한에게 강압을 받거나 위험에 처해 있을 때 부득이하게 치한을 완벽하게 제압하는 기술을 평소에 연마하는 데도 목적이 있겠다고 할 수 있다. 호신술은 또한 신체 각 급소를 자극하고 혈액순환을 활발하게 하여서 건강 증진에 큰 효과를 줄 수도 있다.

교통사고나 자연재해, 금품을 노리는 치기배들, 엘리베이터, 대중교통, 밀폐되거나 사람들이 많은 장소에서까지 이루어지는 성범죄의 위험 등은 곳곳에 산재해 있다. 굳이 어두운 밤이 아닌 대낮에도 사건 사고는 해를 거듭할수록 증가하는 추세다. 더욱이 외국은 외출할 때 칼이나 권총을 휴대 가능한 곳이 많지만 우리나라에서는 그럴 수 없다. 그러므로 다른 사람이 자신에게 상해를 입히면 본인이 직접 대응하거나 주변 사람에게 도움을 청하여서 위기를 모면하는 방법을 선택하여야 한다.

호신술이란 자신을 지키고 정의를 수호하는 것이지만 상대에게 해를 주지 않고 내 몸을 지킨다는 것은 매우 힘든 과정을 겪어야 하고 기술이 서툴거나 부족하다면 자신에게 더 큰 화를 불러올 수 있음을 잠시도 잊어서는 안 된다. 따라서 위급한 상황에 자신의 몸을 지킬 수 있는 기술을 익히고 언제든지 자신을 지키기 위하여 대비하며 최선의 노력을 하는 것이 중요하다.

호신술을 익히는 방법에는 무엇이 있을까

첫째, 호신술에 관한 상식을 충분히 알아둔다.
우리가 생활하는 근거지 도처에서 언제든지 위험한 사고가 발생할 수 있다는 사실을 인지하고 상대에게 약점을 보이지 않는 방법이나 위험을 미리 알아차리는 감각을 익히는 것이 필요하다. 위험을 맞이했을 때 대비할 수 있는 자신감도 상

당히 중요하다.

둘째, 호신술의 기법은 무술이나 격렬한 트레이닝이 아니며 규칙이 있는 것도 아니기 때문에 조금만 훈련하면 누구나 충분히 배울 수 있다.

상대를 역습하기 위해서 필요한 것은 완력이나 힘이 아니다. 급소를 가격하고 정해진 기본 공격 패턴만 익힌다면 힘이 센 상대이든 무기를 가진 상대이든 절대 망설이지 않고 대책을 세울 수 있다.

셋째, 간단하고 기본적인 기술을 몸에 익힌다면 힘없는 여성이 혼자 대처해야 하는 최악의 상황이 벌어져도 당황하지 않고 여러 가지 방어 수단으로 자신을 지킬 수 있다.

넷째, 특히 강조하고 싶은 것은 평상시의 체력 관리다.

상대가 혼자가 아니고 여러 명일 경우 공격을 피하여 달아나려 해도 다시 붙들리거나 하면 더욱 과격한 행동으로 당신을 제압하려 할 것이다. 그러므로 평소 조깅이나 계단 오르내리기 등을 하면서 체력을 쌓아두어 위험한 상황에서 호흡 곤란 등으로 붙잡히는 일이 없도록 한다.

왜 꼭 호신술이 필요한가?

　현대를 살아가는 우리 사회 곳곳에는 천재지변을 비롯하여 수많은 사고가 시간과 장소를 예측하기 어렵게 빈번히 일어나고 있다. 이러한 불의의 사고로부터 자신의 생명을 지키기란 무척 어렵다. 그렇다고 해서 다른 사람이 자신의 안전과 생명을 지켜주는 것은 더욱더 아니다. 자신의 안전을 위하여 사설 경호업체에 경호를 위탁하기 전에는 안전과 방어를 장담할 수 있는 여건이 아무 것도 갖추어져 있지 않다. 한마디로 말하면 자기 몸을 지킬 수 있는 것은 자신밖에 없다.

　이 사실을 빨리 인식하고 자신을 지킬 수 있는 방법을 터득해야 한다. 즉 호신술의 중요성을 인식하고 수련 방법을 연구해야 한다. 호신술을 수련함으로써 위험 상황에서 자신을 지킬 수 있을 것이다.

⑤ 호신술은 어떻게 구성되어 있는가

　호신술은 위험에 처해 있는 현장에서 여러 가지 형태의 맨손 기술과 도구와 무기를 이용하는 방법으로 크게 분류되어 사용되고 있다.
　폭력배들로부터 자신의 몸을 지키는 기술을 호신술이라고 한다면 자신을 보호할 수 있는 방법을 여러 가지 형태로 알아두어 폭력을 최대의 무기로 삼아 상대를 괴롭히고 금품 갈취 및 성폭력까지도 서슴지 않는 폭력배들에게 공격을 받지 않도록 주의하고 자신에게 그러한 일이 일어나지 않도록 항상 경계하는 것이 제일 좋은 방법이다.

즉 자신에게 아무런 일이 일어나지 않도록 하는 것이 제일 좋은 호신술이다.

타인의 공격을 방어하거나 상대의 폭력을 제어하여 안전을 지키는 호신술은 위험 현장에서도 상대의 기술이나 힘을 역이용하여 위력을 발휘하도록 하는 관절꺾기, 차기, 지르기, 던지기, 누르기, 때리기 등의 기본 기술을 바탕으로 구성되어 있다. 이외에도 폭력적인 공격을 받을 때 상대를 제압하거나 위기에서 벗어나는 맨손 기술로 이루어져 있다.

호신술하면 제일 먼저 생각하는 것이 상대의 공격을 방어하는 것이지만 육체적인 방어뿐만 아니라 주위의 상황이나 심리 상태 등을 이용하는 다른 방법으로도 피해를 줄일 수 있다.

여자의 경우 남자보다 약하기 때문에 상대의 심리를 이용하거나 주변에 도움이 될 수 있는 장소 또는 사람, 물건 등을 찾아서 이용하는 것이 좋다.

사전에 충분한 호신술 지식을 습득하여 위기를 모면하며 안전을 확보하는 것과 차후에라도 반복적인 행위에 자신의 신변을 안전하게 대처할 수 있는 방법도 같은 형태로 구성되어 있다.

호신술에서 제일 중요한 것은 상대로부터 공격

을 받기 전에 상대의 공격이 시작되면 상대보다 정확하고 빠르게 자신이 먼저 공격하는 선제공격 기술이다.

선제공격 기술에는 간단한 휴대용 도구 즉 핸드백, 부채, 지팡이, 신문 등과 같은 것도 호신술에서는 언제든지 이용 가능한 도구가 될 수 있다.

공격하는 상대를 쉽게 제압할 수 있는 방법으로는 공격과 동시에 즉각적으로 상대에게 반격하는 행위, 반격 행위 후에 범인이 도피를 하지 못하게 한 후 신체의 일부를 꺾거나 비틀어 움직이지 못하게 고정시키는 제압술이 있다.

호신술은 상대를 공격하는 것이 아니라 자신을 보호하는 수비에 초점이 맞추어져 있으므로 여성과 청소년, 노인층에서 선호한다. 또한 체력 훈련이나 여가 활동을 즐기기 위한 수단으로서, 단체 상호 간의 응집력을 키우기 위한 방법으로서, 각자가 자신감을 키우고 성취감을 느낄 수 있는 기회로 삼으면서 건강을 챙길 수 있는 수단으로서 활용 가치도 크다.

호신술은 훈련 과정에서 관절에 적절한 자극을 주고 신체 균형을 바로잡는 동작이 많이 이루어지므로 운동 부족으로 일어나는 지방의 축척을 막음으로써 다이어트도 동시에 할 수 있는 일석이조의 효과를 얻을 수도 있다.

⑥ 호신술의 원리란 무엇인가

　호신술은 사회적으로 약한 자의 중요한 무기이고 수단이다. 상대에게 치명적인 상처를 주지 않으면서 상대의 힘을 역이용해 자신을 위기로부터 벗어나게 하는 것이다. 그래서 호신술은 무술이라기보다 생활 호신술의 성격이 강하다고 볼 수 있다.
　신체의 운동은 같은 방향으로 이동을 하려고 하는 병진 운동과 동일한 점을 중심으로 하여 회전을 하려고 하는 회전 운동이 가지고 있는 특성이 있으므로 그 특성에 따라서 현재 처해 있는 상황에서 얼마만큼 이 원리를 이용해서 위험으로부터 탈출을 할 수 있는지, 또한 상대의 힘이 자신보다 세거나 힘의 흐름을 일정한 방향으로 끌고 나가려고 할 적에 그 힘과 흐름의 방향에 맞추어서 상대의 체중과 힘을 역이용하여 자신을 보호하고 상대에게 결정적인 공격을 가하여 또다시 나에게 피해를 입히지 않게 상대를 무력화시키는 것이 중요하다.
　호신술에서 꼭 알아야 할 기본적으로 원리의 설명을 구분하면 크게 다섯 가지로 나눌 수 있다.

● 상대의 힘에 순응하는 것이다

　나를 해치기 위하여서 따라온 예비 가해자는 심리적으로 매우 불안해하며 일반적으로 흥분이 고조된 상태이고 정신적으로는 이성적인 판단을 할 수 없는 상태이므로 완력이 그만큼 클 수밖에 없고 범행 시간도 매우 빨리 진행하려고 준비되어 있는 상태이다.

이렇게 흥분이 고조된 상대방의 완력에 무리하게 대응하면 원활하고 빨리 탈출하는 데 많은 어려움이 따른다. 그러므로 상대의 감정을 최대한 건드리지 않고 힘에 순응하면서 최종 목적인 안정을 위하여서 노력한다.

◎ 몸 전체(힘과 속도)를 이용하는 것이다

힘의 원리는 '질량 × 속도' 이므로 체중과 속도(스피드)를 얼마만큼 잘 이용하느냐에 따라서 성공 여부가 결정된다.

무거운 사람이 체중을 이용하여서 상대로부터 벗어나려 하면 속도가 느려진다는 것을 잊어서는 안 된다. 속도가 느리면 호신술의 기술은 아무런 효과가 없다.

힘에 의존하여 상대를 얕보면 상대가 나의 움직임을 미리 파악하고 대처할 준비를 하고 있으므로 자신에게 더 큰 화를 자초할 수 있다. 그러므로 힘이 있으면 반드시 빠르게 행동해야 목적을 달성할 수 있을 것이다. 여성의 경우 가해자 남성에게 힘으로 저항할 때 몸 전체 무게와 힘을 이용하는 것이 매우 중요하다.

◎ 원심력의 원리다

상대로부터 탈출을 생각할 때는 얼음판 위에서 팽이가 돌아가는 원리를 이해하면 보다 빠르게 방법을 생각할 수 있을 것이다. 상대가 나에게 가해하려고 하면 내 몸을 중심으로 하여 상대가 공격해오고 있는 방향으로 상대의 몸이 돌아가게 응용함으로써 그 원심력을 이용하여 상대의 취약점을 파악하고 역으로 내가 상대에게 공격하여 빠른 시간 안에 상대를 제압하는 방법이다.

◎ 상대의 빈틈을 이용하는 것이다

범법 행위를 하기 위해 손으로 손목이나 옷깃을 잡든지, 온몸으로 안으려고 하는 동작에는 반드시 틈이 있는 것이 사실이다. 자신에게 어떠한 행위를 하는 동안 자신 역시 가만히 있지 말고 탈출과 역습을 생각하며 상대의 동작을 분석하면 상대가 생각하지 못하는 빈틈을 발견을 할 수 있다. 이러한 틈을 이용하면 역습을 가하는 찬스를 잡을 수 있다. 이렇게 작은 틈을 이용하지 못하면 탈출과 역습의 기회를 놓치고 크나큰 화를 부를 수 있다.

🕐 정확성의 원리이다

호신술에서 탈출을 시도하고 역공격을 할 때 가장 중요하게 비중을 두는 것이 정확성이다. 몸의 일부분이 상대에게 잡혀 있는 상태에서 역공격을 하려면 단 한 번의 공격으로 상대를 쓰러트릴 수 있는 치명적인 기술을 구사해야 하므로 정확성이 매우 중요하다. 역공격을 할  때 정확성이 떨어지면 오히려 상대방을 자극하여 더 큰 화를 자초할 수가 있기 때문이다.

⑦ 호신술에는 어떠한 기법과 기술이 있는가

생활 호신술은 어떤 특별한 무예나 전문적인 기술을 수련하지 않더라도 이론을 공부하고 실기를 반복하여 연습하면 능히 상대방을 격퇴할 수 있고 자신과 가족을 지켜낼 수 있는 아주 쉽고 실용적이며 남녀노소 누구나 할 수 있으며 생활의 일부분이 될 수 있을 정도의 무술이다.

실제로 이론적으로는 설명하기 어려운 상황이 벌어진다면 상대의 심리 상태와 어떠한 행동을 할지 미리 파악하는 것과 상대의 공격을 가상해서 집중력과 사력을 다하려는 마음 자세를 갖추는 것이 범행 의지를 사전에 봉쇄를 할 수 있는 매우 중요한 선수(先手)이다.

다음으로 생각을 할 수 있는 것은 자신의 신체가 위협을 받거나 위험한 상황에 처해 있을 때 얼마만큼 신속·정확하게 벗어나는가 하는 것이다. 자신과 상대의 신체에 해를 입히지 아니하고 탈출하려면 상대의 작은 허점이라도 크게 보고 신경 쓰면 아무 탈 없이 탈출할 수 있을 것이다.

마지막으로는 위협하는 상대를 응하여주는 척 하면서 상대를 타격하는 방법, 관절을 공격하는 방법, 상대의 균형을 무너지게 하여 넘어뜨린 후 2차적으로 자신에게 또다시 공격하지 못하게 완벽하게 제압하는 기술로써 급소를 타격하는 방법, 남자의 신체 중에서 제일 취약부위인 낭심 타격법 그리고 골격의 기본을 이루는 관절 제압법과 관절 꺾기, 관절 비틀기 등의 기술로써 역으로 상대를 공격하여 또다시 공격을 하지 못하게 완벽하게 제압하여 경찰에 넘기는 방법이 있다.

◉ 호신술의 기법

생활호신술을 생활 현장에서 쓰기 위해서는 원리의 중요성을 숙지하고 그 원리에 맞추어서 준비하면 상대를 제압하는 데 효과적으로 활용할 수 있을 것이다.

첫 번째로 머릿속에 꼭 기억을 하여야 하는 기법은 선수(先手)이다.

한자를 풀면 먼저 선(先)과 손 수(手)이다. 즉 먼저 준비하라는 뜻으로서 상대보다 앞서서 자신을 지킬 수 있는 모든 방어 기술과 공격을 예상하여 마음 자세를 미리 가다듬고 준비하였다가 위험한 상황이 발생하면 언제든지 기술을 먼저 발휘하여 자신을 지키라는 말이다. 다시 간단히 정리한다면 선수는 위험한 상황에서 자신을 지킬 수 있는 최선의 방법이다.

선수는 모든 것이 미리 준비하는 데서 시작된다.

모든 집중력과 사력을 다하는 자세를 갖추고 상대의 심리 상태를 파악하고 행동을 미리 예측하여서 상대가 자신을 해하기 전에 범행 의지를 사전에 봉쇄하거나 스스로 포기할 수 있게 하는 것이다.

두 번째로 기억하여야 하는 것은 탈출법(脫出法)이다.

한자를 풀면 벗을 탈(脫), 날 출(出), 법 법(法)이다. 즉 자신을 해치기 위해서 달려드는 상대로 부터 빨리 탈출하는 방법을 의미한다. 자신을 해하려고 달려드는 상대를 아무런 방어도 하지 않고 가만히 당하고 있을 수만은 없다.

위험에 처해질 조건이 된다면 신체적으로나 정신적으로 손해를 보지 않고 그 순간의 위기를 모면하고 어떻게 빠르게 탈출하여서 안전한 장소로 이동할 것인가, 가해자에게 잡혔을 때도 어떻게 어떠한 방법으로 빨리 빠져나올 것인가를 사전에 숙지하고 수련하는 방법이다.

세 번째로 기억하여야 하는 것은 역공격법(易攻擊法)이다.

한자를 보면 바꿀 역(易), 칠 공(攻), 부딪힐 격(擊), 법 법(法)이다. 즉 나를 해치기 위해서 달려드는 상대를 보고 위험하다는 인식을 하면 상대로부터 공격을 당하지 않고 오히려 상대를 쓰러트리는 기법을 말한다. 이 역공격법이 호신술을 만들어내는 원초적인 기법이라고도 할 수 있다.

역공격법은 급소를 타격하는 타격법, 관절을 꺾고 제압하는 관절 제압법, 달려드는 상대를 넘어트리는 방법으로 분류할 수 있다.

타격법은 상대의 취약한 부분을 빠르고 정확하고 타격하여서 강한 충격을 주는 것이 목적이다.

타격 목표 지점은 낭심, 명치, 턱, 목, 눈, 귀, 미간, 인중, 관자놀이 등이며, 특히 여성은 적은 힘으로 강한 충격을 줄 수 있는 신체의 취약 부분을 타격법의 목표물로 삼아야 한다.

관절 제압법은 관절을 꺾거나 비틀어서 상대를 제압하는 방법으로서 호신술에서 가장 많이 쓰이는 기술 중 하나이다.

즉 상대방이 나에게 접근하여 오면 상대의 시선을 제압을 하고 상대의 팔이나 손목 등을 꺾고 비튼 다음 넘어트리고 다시는 공격을 하지 못하게 최종적인 공격 방법을 선택하여야 한다.

> ::인체의 급소
>
> 폭력으로부터 자신을 보호할 필요가 있다고 생각하는 사람은 대한민국 국민의 전부가 여기에 해당되고 당연히 보호를 받아야 한다.
> 그러나 보호를 받지 못하고 보호받을 수 있는 시간적 공간적인 여유가 없을 시에는 본인 스스로 해결을 하고 차후에 국가로부터 이에 상응하는 보상과 그 대상자는 처벌을 받아야 할 것이다.
> 폭력으로부터 보호를 받지 못하는 상황에 처해졌을 때 본인 스스로가 해결을 하기 위하여서는 그 대상자를 상대하기 위한 상식으로 인체의 급소를 공격을 하여야 하기 때문에 인체의 급소를 알아볼 필요가 있다.
> 인체의 급소는 한의학적으로 말을 한다면 어혈이 쌓여 혈액의 흐름을 방해하는 곳으로 이곳을 실수로 공격을 하여 큰 충격을 준다면 순간의

실수라고 하더라도 상대는 죽음을 맞이하는 경우가 생기는 곳이 급소라고 표현을 할 수가 있다.

이러한 이유에서 우리 인간의 몸에는 약 365개의 급소 즉 혈이 있는데 그 혈 중에서 중요하고 충격에 매우 민감하고 큰 부분을 약 30개의 급소로 분류를 할 수가 있고, 30개의 급소 중에서 우리가 위험을 느끼면 위험에서 벗어나기 위한 호신술 동작을 하여야 하는데 호신술 동작으로 상대를 공격하기 위한 목표의 급소는 약 10개 정도로 압축을 할 수가 있다.

자신이 위험에 처해있을 때 상대에게 큰 충격을 줄 수 있는 급소를 가장 빨리 눈으로 확인을 하고 정확하고 강하게 공격하기 위하여서는 인체의 전면에 많이 분포가 되어 있는 급소를 대상으로 하여야 한다.

다시 설명을 한다면 여성이 남성에게 성희롱 또는 위험한 상황에 처해져 있을 때 남성을 일격에 공격하여 쓰러트리기 위한 목표를 찾아야 하는데 그 목표가 인체의 급소지점이 되는 것이다.

즉 여성이 남성을 공격할 때 여성의 힘으로 단 한 번의 공격을 가하여서 남성을 쓰러트려야 하는데 공격부위는 그 대표적인 급소가 낭심일 것이며 그 다음은 명치가 될 것이고 세 번째로 공격부위를 선택한다면 얼굴부위가 될 것이다.

이렇게 인체의 급소는 보기 쉽고 공격하기 쉬운 부위를 정확하게 그리고 가장 강하게 공격을 하여 위기의 상황에서 자신을 스스로 구하여야 하기 때문에 다음의 그림을 통하여서 인체의 급소를 공격하는 방법을 확인하여 보자.

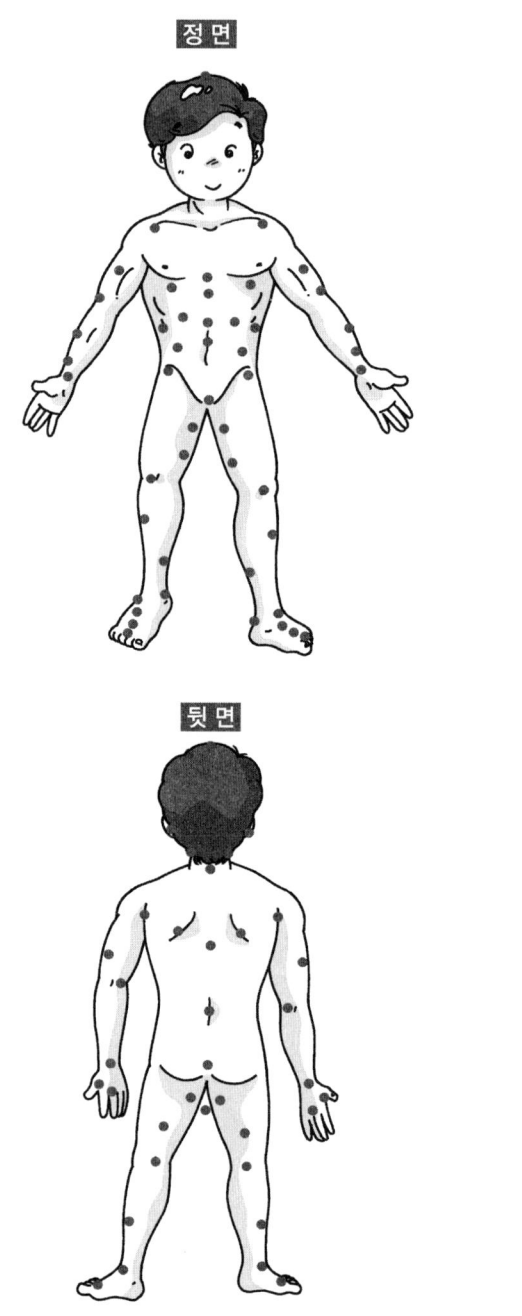

(1) 눈

주먹으로 눈 부위를 강하게 친다. 손가락을 쫙 펴서 손끝으로 눈동자 부위를 가격하는 방법도 있다. 흙 또는 모래를 이용할 수 있다면 재빨리 모래를 눈에 뿌린 후에 도움을 요청하거나 안전한 장소로 빠르게 이동한다.

(2) 코

키가 닿는다면 이마로 상대의 코를 가격하는 것이 가장 좋다. 얼굴 중에서 코 부위가 가장 돌출이 심하기 때문에 가격하기가 쉽기 때문이며 가격 후에는 상대가 중심을 잃고 비틀거릴 때 2차 공격을 하거나 재빨리 도망을 갈 수가 있기 때문에 코는 매우 중요한 공격부위에 속한다.

(3) 목

상대와 키 차이가 난다면 목을 손날로 (태권도 동작에서 칼재비 손 모양)세게 친다. 목젖을 기준으로 잡고 아주 강하게 가격을 하여야 한다.

(4) 손

손등을 뾰족한 것으로 가격한다. 상대가 나의 옷깃이나 신체의 일부를 잡고 있을 시에는 가방이나 내 몸의 장식물 중에서 최대한 고통을 줄 수 있는 날카로운 것이 무엇인가를 생각한 후 그것으로 상대의 손등을 강하게 공격한다.
예) 옷핀, 머리핀, 샤프 연필 등

(5) 명치

늑골이 갈라지기 시작하는 명치 부분을 힘껏 가격한다.
해부학적으로 설명을 한다면 명치가격을 하면 심한 고통과 호흡장애 그

리고 위경련을 함께 가져올 수 있기 때문에 심하면 사망을 하는 경우도 있다. 남자의 경우 와이셔츠 단추 3번째 위치가 명치라고 생각하면 된다. 잘 찾지 못할 것 같으면 충격이 상당히 심한 배꼽 위를 노리는 것도 괜찮다.

(6) 정강이
조금이라도 뾰족한 구두를 신고 있다면 상대의 정강이를 힘껏 찬다. 실패하였다고 생각되면 즉시 무릎을 구부려서 하늘 위로 높이 힘차게 들면 낭심에 직격으로 연결된다.

(7) 발등
등 뒤에서 나를 안았을 경우 내가 상대의 힘에 밀려 상대로부터 자유롭지 못하고 고통을 느끼게 되면 자신의 발등을 하늘로 들어 올려 구두 뒷굽으로 상대의 발등을 사정없이 내려찍어 밟는다.

(8) 낭심

남자의 가장 치명적인 급소 부위라고 할 수 있다. 정면에서 공격하거나 안으려고 달려드는 경우에는 이 방법을 꼭 선택하기를 바란다. 무릎을 위로 향하여서 들어 올리면서 낭심을 강하게 공격하거나 주먹으로 있는 힘껏 때린다. 이것을 실패하였을 경우에는 낭심을 손으로 강하게 움켜쥔 후에 하늘을 향하여서 세게 당기면서 들어올린다.

* 마지막은 36계 줄행랑을 친다! 절대 뒤돌아보지 말고 대로변이나 사람이 많은 장소로 뛰어라.

⑧ 호신술은 어떠한 효과가 있는가

 호신술은 상대로부터 예고 없는 공격을 당했을 때 자신의 몸을 효과적으로 방어하면서 지켜낸다는 점에서 비폭력적이며 인간적인 기술이다. 다시 말해 폭력을 배제하는 기본적으로 수동형의 기술이다.
 호신술은 적극적으로 상대를 위해하는 행위가 아니며 상대의 공격을 미리 막아내거나 봉쇄하는 것이다.

◉ 정신적인 면에서의 효과

 운동은 어떠한 종목이든 시행 방법에 차이가 있을 뿐 최종 목적은 모두가 동일하다고 설명을 할 수가 있으며 각자가 적성에 맞고 신체 조건에 맞는 운동을 지속적으로 하는 것이 가장 중요하다고 해도 과언이 아니다.
 호신술은 건강하고 강인한 체력과 건전한 정신을 만드는 데 그 목적이 뚜렷하다고 할 수 있다. 한편으로는 치한으로부터 강압당하고 위험에 처해 있는 상황에서 슬기롭게 해결하지 못하고 부득이하게 제압할 필요를 느낄 때를 대비하여 평소에 기술을 연마하는 데에도 목적이 있다고 할 수 있다.

⊙ 개인 건강과 교육적인 측면에서의 효과

　호신술 기능을 정신적인 측면에서 살펴보는 것 역시 호신술을 제대로 아는 데 큰 도움이 된다.
　신체를 움직이고 운동하는 것으로도 정신 수양이 된다고 하지만 바른 무도를 좋은 스승에게 배우면 자신도 모르는 사이에 정신 수양에 도움이 된다. 이제까지 거의 자신이 없던 사람도 호신술 기능을 꾸준히 수련을 하면 놀라울 정도로 자신 있는 행동과 발언을 할 수 있게 된다.
　호신술의 특징은 그냥 보기에는 단순한 동작으로 보여도 다른 무도와 달리 전신 운동이며 정신 집중을 해야 한다는 것이다. 그러므로 공부에도 도움이 되어 생각지도 않은 효과를 거둘 수 있다. 또 기를 돋우며 정신을 안정시키고 신체 운동을 통하여 마음을 닦음으로써 바른 인간으로서 성장을 기대할 수 있다는 것이다.
　호신술은 회사에서 사원의 여가 선용과 체력 훈련, 단합을 위해서도 좋은 아이템이 될 수 있으며 쉽게 배울 수 있는 호신술은 사원들에게 자신감을 심어줄 수도 있다. 실제로 유수한 기관과 대기업 등에서 사원들의 건강과 자신감 획득을 위해 호신술 교육을 사내 프로그램으로 운용하고 있다.
　호신술을 매일 수련하면 젊음을 유지하는 효과적인 수단으로 이용할 수 있고 신체도 지키고 건강에도 도움이 되는 매우 효과적이고 과학적인 운동이라고 말할 수 있다.
　호신술의 스트레칭 동작은 뼈마디를 늘리고 급소 부위에 많은 자극을 주는 것으로 구성되어 있기 때문에 수련 과정 중 혈액순환이 활발하게 이루어지게 하고 많은 땀을 흘리게 하여 피부를 건강하게 하고 신체에 활력을 유지하게 한다. 그러므로 평소 근육 활동량이 부족한 여성들에게는 매우 유익한 생활스포츠로 자리매김할 수 있는 운동이기도 하다.

◉ 미용과 건강에 응용되는 효과

호신술은 다른 종목 운동과는 달리 과격하지 않으며 편안히 그리고 즐겁게 남녀노소 구별 없이 수련할 수 있으므로 여성의 다이어트에도 효과적이다. 균형이 맞지 않는 신체 부위와 지방이 많은 부위는 기의 흐름이 약하므로 좀처럼 체형을 바꾸기가 힘들다. 그러나 호신술의 기초인 특유의 신체 움직임과 낙법 등을 습득하는 과정에서 비만 체형이 서서히 개선되는 사례가 보고되고 있고 실제로 체험을 한 사람들의 입에서 입으로 전해지면서 보다 발전되고 체계적인 기술이 개발되면서 여성의 운동 참여도를 높이는 역할을 충분히 하는 실정에 이르고 있다. 특히 넓적다리 지방을 줄이려는 여성들의 경우 호신술을 수련하면서 다양한 발차기와 하체 운동을 집중적으로 하여 짧은 시일 안에 목표대로 지방 제거 효과를 보았다.

호신술 동작을 잘만 이용하면 허리와 아랫배는 물론 가슴과 어깨, 몸통 등 목적을 두는 모든 부위에 효과를 얻을 수 있다. 모든 부위에 골고루 자극적인 운동을 하면 피하지방은 제거되고 근육은 잘 발달되는 것이 보통이다. 허리와 어깨에 동시에 자극을 주는 내회전 기술을 집중 연마하면 지방은 제거되고 강한 근육만 남는 효과도 나타낸다.

　호신술을 갈고 닦는 훈련은 가장 기본적으로 신체의 전 관절에 골고루 자극을 주어 균형을 바로잡는 평형성 운동의 기본이 된다. 운동 부족으로 발생하는 지방 축적은 꾸준한 호신술 훈련으로 예방이 어느 정도는 가능하다.

◉ 학습에 도움이 되는 효과

　자신의 신체를 움직이고, 어떠한 종목의 운동이건 그 운동이 온몸에 미치는 영향에 따라서 집중적으로 운동을 실시하는 것은 정신 수양의 기본이 되는 것이며 신체 운동을 통하여 정신을 집중시키고, 마음을 갈고닦아 바른 사람으로 성장할 수 있도록 기대할 수 있는 것이 호신술 교육으로 얻을 수 있는 효과의 큰 의미이다.

9. 정당방위란

정당방위란 국어사전을 보면 '급박하고 부당한 침해에 대하여 자기 또는 남의 생명이나 권리를 지키기 위하여 어쩔 수 없이 하게 된 가해행위, 긴급방어'라고 설명되어 있다.

정당방위의 구체적 의미를 하나하나 찾아보고 보충 설명을 하여 보면 정당방위는 자기 보호의 원칙 및 법질서 수호의 원칙으로 정당화되어 있음을 알 수 있다. 그러나 정당방위가 자기 사법을 의미하는 것은 아니며 법질서를 방어할 이익이 없는 경우에는 제한될 수 있다.

이러한 정당방위의 제한 근거가 사회 윤리적 가치에 있다는 것은 형법의 도덕화를 통한 처벌 범위의 확대를 의미하므로 타당하다고 할 수 없다. 따라서 법익 보호를 위한 정당방위에 대하여 법질서 수호의 원칙에 따른 제한이 가능하지만 이는 사회 윤리적 제한으로 파악해야 할 것이다.

◎ 정당방위의 개요

자기 또는 타인의 법익에 대한 현재의 부당한 침해에 대한 행위로서 상당한 이유가 있는 경우에는 이를 정당방위라 하여 위법성이 조각되어 처벌되지 않는다. 예를 들어 권총을 발사하는 강도를 반격하여 살해하는 행위는 정당방위라 할 수 있지만, 날치기, 절도 등과 같은 단순한 범법 행위자를 뒤쫓아 가면서 권총을 쏘는 것은 현재의 부당한 침해에 대한 방위로서 상당한 이유가 있는 방위라고는 할 수 없다.

◉ 형법으로 보는 정당방위

1) 형법 제21조 정당방위

1항 : 자기 또는 타인의 법익에 대한 현재의 부당한 침해를 방위하기 위한 행위는 상당한 이유가 있을 때에는 벌하지 아니한다.
2항 : 방위 행위가 그 정도를 초과할 때에는 정황에 의하여 그 형을 감경 또는 면제할 수 있다.
3항 : 전항의 경우에 그 행위가 야간 기타 불안스러운 상태에서 공포, 경악, 흥분 또는 당황으로 인한 때에는 벌하지 아니한다.

정당방위가 성립하기 위해서는 그 침해가 '현재'의 것이어야 하며 또한 '부당'한 것이고 방위자에게 '방위 의사'가 있어야 할 뿐만 아니라 '상당한 이유'가 있는 방위라야 한다. 또한 정당방위는 부당한 침해를 반격한다는 면에 있어서 부정대항의 관계이다.

그리고 방위행위가 정도를 초과한 경우에는 이를 과잉방위라 하여 형을 감경 또는 면제할 수 있다.

즉 과잉방위는 정당방위로서의 위법성은 조각되지 않으나 상황에 따라서 그 책임을 감경 또는 면제를 할 수 있다(형법 제21조 2항). 그러나 야간, 기타 불안스러운 상황에서 공포, 경악, 흥분 또는 당황 등 특별한 정황으로 인하여 정도를 초과한 방위행위를 한 경우에는 형벌이 면제가 된다.

이것이 위법행위이기는 하지만 이런 경우에는 적법행위의 기대 가능성 즉 행위 당시의 구체적 사정에 비추어 행위자에게 그 범죄 행위를 하지 않고 다른 적법행위를 기대할 수 있는 가능성이 없기 때문이다.

(1) 책임무능력자의 침해에 대한 방위

정당방위는 자기 보호의 원칙 및 법질서 수호의 원칙으로 정당화된다. 그러나 정당방위가 자기 사법을 의미하는 것이 아니며 법질서를 방어할 이익이 없는 경우에는 정당방위가 제한될 수 있다고 할 것이다.

그러나 이러한 정당방위의 제한 근거가 사회 윤리적 가치에 있다는 것은 형법의 도덕화를 통한 처벌 범위의 확대를 의미하게 되므로 타당하다고 할 수 없다.

따라서 법익보호를 위한 정당방위에 대하여 법질서 수호의 원칙에 따른 제한이 가능하지만 이는 사회 윤리적 제한으로 파악해서는 안 될 것이다.

(2) 과잉방위와 오상방위

1 과잉방위

방위행위가 상당성 정도를 넘은 경우를 과잉방위라고 한다. 상당성의 판단은 객관적으로 이루어지므로 상당성 초과에 대한 인식은 과잉방위의 요건이 아니다.

과잉방위는 상당성이 없는 행위로 원칙적으로 위법하다. 그러나 상황에 따라서(형법 제21조 2항) 행위자의 특별한 심리 상태(형법 제21조 3

항)에 기인한 경우에는 형을 감경하거나 면제를 한다. 이때 과잉방어의 법적 성질은 책임 감소 내지 면제되는 것으로 이해를 한다. 따라서 과잉방위는 위법한 행위이므로 이에 대한 정당방위도 허용된다.

처벌은 특별한 정황(야간, 기타 불안스러운 상황에서 공포, 경악, 흥분 또는 당황)으로 인해 정도를 초과한 방위행위의 경우에는 형벌이 면제되며(형법 제21조 3항) 이러한 특별한 정황이 존재하지 않는 일반적인 정황이 있는 경우에는 그 형을 임의적으로 감경 면제할 수 있다.

2 오상방위

객관적으로 정당방위 상황이 존재하지 않는데도 불구하고 존재하는 것으로 착각하여 방위행위를 한 경우 오상방위라고 한다.

오상방위는 정당방위 상황이 존재하지 않는 점에서 정당방위와 구별되며 정당방위 상황은 존재하나 상당성을 초과한 과잉방위와도 구별된다. 따라서 형법 제21조 1항이나 제3항이 적용될 여지는 없다.

오상방위는 방위가 아니므로 위법성이 조각되나 정당방위가 허용되는 상황이 존재한다고 착오한 것이므로 이른바 허용구성요건착오(위법성조각사유의 객관적 전제 사실에 대한 착오)에 해당하는 문제이다.

허용구성요건착오는 범죄행위의 원인이 된 허용상황이라는 사실에 대한 착오이므로 사실착오(구성요건착오)와 유사하다.

그러나 구성요건사실에 대한 착오가 아니라 허용규범에 의해 금지규범의 적용이 배제되는 것으로 착오한 점에서 금지착오(법률착오)의 성격을 갖는다.

이에 대한 처리 방법으로는 엄격책임설(위법성인식을 독자적 책임 요소로 보아 금지착오로 보는 견해) 및 제한책임설(허용구성요건착오를 독자적인 착오유형으로 이해하며 이는 구성요건고의는 영향을 받지 않지만 그 특수성으로 책임고의를 조각하여 고의 형벌을 배제하는 법 효과에서만 구성요건착오와 동일하게 취급하자는 견해와 구성요건착오와 본질적으로 유사하므로 구성요건착오에 관한 형법 제15조를 유추 적용해야 한다는 견해) 등이 있다.

3 보증 관계에 있는 자의 침해에 대한 방위

부부와 부자 및 그 밖의 친족 관계와 같은 밀접한 인적 관계에 있는 사람 사이의 정당방위는 이들은 서로 상대방을 보호해야 할 보증 관계에 있기 때문에 법질서 수호의 이익은 상대방에 대한 법익보호의무로 제한된다고 한다.

그러나 이 경우에도 법익보호 영역의 비범죄화 경향의 맥락에서 이해되어야 하며 사회 윤리적 근거로 인한 제한으로 이해되어서는 안 된다.

즉 가정에 대한 불필요한 형법 개입은 바람직하지 않기 때문에 이러한 인적 관계가 있는 사람들 사이의 정당방위는 일정한 범위에 제한되는 것이라 할 수 있다.

4 지극히 경미한 침해에 대한 방위

보호하려는 법익과 침해당하는 법익이 극단적으로 불균형인 경우는 법의 남용에 해당하므로 정당방위가 인정되지 않는다. 그러나 이 경우 사회 윤리적 제한과는 상관없는 형사 정책의 일반원칙인 형법의 보충성원칙의 결과라고 할 것이다. 또한 이는 상당성(필요성 원칙)의 결여로 되어 과잉방어의 문제가 될 뿐이다.

5 도발된 침해에 대한 정당방위

● 의도적 도발

행위자가 정당방위 상황을 이용하여 공격자를 침해할 목적으로 공격을 유발한 경우를 의도적 도발이라고 한다. 의도적 도발은 정당방위권이 인정되지 않는다. 이유는 행위자에게 법질서 수호의 원칙이 적용될 수 없기 때문이다.

● 과실에 의한 도발

행위자에게 법적 사회적으로 승인되지 않은 의무위반행위가 있을 경우에도 정당방위는 제한된다고 한다. 즉 피할 수 없는 상황의 경우에만 정당방위가 성립이 되고 피할 수 있는 경우에는 정당방위가 성립이 되지 않고 고의범으로 처벌이 가능하다는 것이다.

그러나 도발행위가 사회적·윤리적 관점에서 부당한 것이라도 법질서에 의해 위법한 것이 아닌 한 정당방위권이 부인되거나 제한되지는 않는다고 할 것이다. 다만 도발행위자가 공격자로 하여금 도발자의 단순한 범죄 도구로 이용될 정도에 이른 경우에는 정당방위가 허용되지 않고 간접방법의 책임을 지게 된다.

그리고 위법한 도발행위의 경우에는 의도적 도발과 마찬가지로 보호의 필요성 및 법질서 수호의 필요성이 없기 때문에 정당방위는 피할 수 없는 경우 또는 소극적 방위로 제한이 된다.

(3) 정당방위의 인정

현재 부당한 침해가 있을 때 자기 또는 타인의 법익을 방위하기 위한 행위일 것이라는 상당한 이유가 있을 것이라고 하는 요건이 구비되어야 한다.

첫째 현재의 부당한 침해란 법질서에 의해 보호되고 있는 법익에 대한 사람의 공격 또는 그 위험을 말하는 것으로 현재의 침해이기 때문에 법익에 대한 침해가 급박한 상태이거나 계속되고 있어야 하며 또한 그 침해가 부당해야 한다.

둘째 자기 또는 타인의 법익을 방위하기 위한 행위여야 한다. 여기의 타인에는 자연인, 법인, 법인격이 없는 단체, 국가 등도 포함이 된다.

셋째 정당방위는 상당한 이유가 있어야 하는데 상당한 이유란 침해에 대한 방위가 일반 상식에 비추어 상당한 정도를 넘지 않고 당연시 되는 것을 말한다.

넷째 정당방위에 있어서 상당한 이유라 함은 방위의 필요성을 의미하는 것으로서 방위의 필요성은 침해의 즉각적인 배제가 확실히 기대되고 위험의 제거가 보장되는 때에 인정이 된다.

(4) 정당방위의 예외

방위행위가 정도를 초과하여 그 상당성의 정도를 벗어난 과잉방위나 객관적으로 정당방위의 요건이 구비되지 않았는데도 불구하고 착오로 정당방위의 요건이 구비된 것으로 오인하고 방위를 한 오상방위 등은 위법성이 조각되지 않아 처벌을 받게 된다.

⑩ 상황별로 알아보는 생활 속의 호신술

　시간과 공간, 때와 장소를 가리지 않고 불시에 일어나는 신체 폭력에 대항하여 어떻게 자신을 방어할 것인가를 생각하면 무엇이든지 관여하지 않고 일단은 위험에서 멀리 떠나 안전을 확보해야 한다. 그리고 즉각적이고 효과적으로 공격자와 맞붙거나 싸우는 시간을 최대한 줄여서 최소 피해 원리를 철저히 적용하여야 한다. 또한 안전을 확실하게 하기 위해서는 피해를 최소화하고 공격자를 저지하며 응징하는 단 한 번의 완벽한 기술을 사용하여야 한다는 최소 피해의 윤리를 주장하며 상대를 응징하고 자신을 보호하여야 한다.

◉ 자신을 보호하기 위한 3단계

1) 자신의 주위를 경계하라

　폭력은 어떠한 시기에 어디에서도 일어날 수 있다. 가족, 지인, 직장 동료, 고객, 환자, 길거리의 낯선 사람, 심지어 사랑하는 사람에게까지도 일어날 수 있다. 그러므로 주위 경계를 풀지 말아야 위협을 당하는 상황에서 효과적으로 대응할 수 있다. 일상생활을 하면서 하나하나 주변을 둘러보며 생각해본다면 경계해야 할 대상을 여러 가지 발견할 수 있다. 이러한 태도가 습관화된다면 다른 사람에 비해 불안함을 조금도 느끼지 아니하고 보다 안전하게 생활하며 활력을 찾을 수 있다.

일상생활에서 신변 보호를 위해 실천할 수 있는 것은 다음과 같은 것이 있다.

평상시 자신감 있고 불안해하지 않는 당당한 모습으로 다니며 골목길은 피하고 큰길을 이용한다.

외출 시에는 귀가 시간이 늦을 것을 가정하여 자유롭게 달릴 수 있을 정도의 편안한 옷을 입는다. 평소 늘 이용하는 길이라도 주변 건물 구조와 특성을 미리 파악하여서 안전을 고려한다. 똑같은 길을 이용하더라도 때로는 방향이나 위치를 바꾸어 다닌다.

집에는 견고하게 이중, 삼중으로 열쇠에 잠금 장치가 되어 있는지 확인한다. 방문자의 신원을 확인하기 전에 문이 열리지 않도록 체인 잠금 장치를 하거나 눈으로 확인이 가능한 각도의 구멍 등을 마련해야 함은 물론 창문에 방호 철망 등을 설치하여 안전을 확보한다.

집밖에서도 집안에서 일어날 수 있는 사건사고에 대하여서 집안에 간편하고 효과적인 용품을 미리 준비하여 대비책을 세우는 것이 완벽한 주위 경계라고 할 수 있다.

2) 자신의 주위를 경계한 후에 상황을 판단하라

상황 판단이라 함은 자신이 위급함을 느끼는 특정한 상황에서 가장 신속하고 정확하고 빠르게 사태를 평가하는 과정을 말한다. 잠재적인 폭력 상황으로 위급하게 이어질 것인가를 판단하고 분위기를 감지하며 뛰어난 관찰력과 올바른 정신으로 다음 행동을 결정하는 것은 상황 판단에 매우 중요한 요인이 된다.

위급한 상황에서 최선의 선택을 하기 위해서는 다음과 같은 것을 체크하며 가능한 정확하고 완벽한 정보를 얻은 후에 무슨 행동을 해야 할지 결정해야 한다.

(1) 상황 판단의 중요성을 인식한다.

현재 자신이 처해 있는 위치에서 위급한 상황이 발생할 것이라고 판단되면 폭력을 방지하기 위하여 효과적이고 가장 적절한 전략을 선택할 수 있도록 가능한 한 세심한 관찰과 냉정한 판단을 하도록 한다.

실제로 일어날 수 있는 폭력 상황에서 상대방이 나에게 어떻게 행동할 것인가에 따라서 내가 어떻게 대처할 것인가를 1차적으로 머릿속으로 정리한 다음 2차적으로 상대의 행동에 대처하여 자신의 안전을 지키고 완벽하게 상대를 제압할 수 있는 짧은 시간을 찾아낸다.

(2) 상황 판단 시 자신이 어디에 있고 누구와 연관되어 있는가를 파악한다.

첫 번째로 주위 환경을 잘 살펴보기 바란다. 내가 신속히 도주를 할 수 있는 길이 있는가를 확인하고 주변에 도와줄 수 있는 사람이 어느 정도 거리에 있는가를 살펴본다. 그 후에는 자신의 몸을 이용하여 사용할 수 있는 방호벽이 있는지, 무기로 사용이 가능한 물체가 가까이 있는지 그리고 나를 위협하는 사람이 술을 먹었는지 아니면 무기가 될 수 있는 물건을 지니고 있는지 혹은 약물 복용을 하였는지 등을 신속하고 정확하게 판단해야 한다.

두 번째로 나를 위협하는 사람이 나와 어떠한 연관이 되어 있는 사람이거나 이웃인지 아니면 전혀 알지 못하는 남남인지 등과 같은 전체적인 분위기를 파악하여야 한다. 즉 나를 해치기 위하여서 대치중인 가해자의 마음과 의도를 정확하게 파악할 때까지 본인의 생각과 감정 등의 선입견을 잠시 뒤로 두고 다음과 같은 것을 한번쯤은 예측해보고 난 후에 정확하게 판단하여야 한다.

자신과 가해자는 혹시 아는 사이인가?
자신은 기억을 하지 못하는데 상대는 자신을 정확히 알고 있는가?
가해자에게 기억하지 못하는 실수를 한 적이 있는가?
자신과 가해자 사이에는 내가 도망할 수 있는 충분한 공간이 있는가?
자신과 가해자는 얼마나 가까운 거리에 있는가?
자신과 가해자와 사이에 가해자가 무기로 사용할 수 있는 물건이 있는가?
가해자는 어떠한 우수한 신체 조건을 갖추고 있는가?
가해자가 자신을 두려워하거나 가해자 자신이 화가 난 듯 보이는가?
가해자의 감정 상태가 어떠한지 파악할 수 있는가?

(3) 자신의 상황을 빨리 판단한다.

정확한 인지 능력은 상황을 판단할 때 매우 중요한 요인이 된다. 무엇보다 위기 상황을 벗어날 수 있는 자신의 능력을 판단할 때 중요한 것은 첫째 체력, 둘째 신체 기능, 셋째 감정 상태이다.

1 체력

- 자신이 얼마만큼 빠르게 뛸 수 있는지 알고 있는가?
- 자신의 힘이 얼마나 강한지 알고 있는가?
- 자신의 목소리가 얼마나 크고 강하고 멀리 울려 퍼질 수 있는지 알고 있는가?
- 극도로 흥분되었을 때 감정 처리를 얼마나 잘할 수 있다고 생각하는가?

2 신체 기능

- 태권도, 유도, 검도, 합기도 등 자신을 보호할 수 있다고 생각될 정도의 무술을 수련하였는가?
- 호신술이나 무기술을 위험한 상황에서 언제든지 사용할 수 있게 평소에 틈틈이 수련한 적이 있는가?
- 상대의 마음이 범행으로 이어지지 않도록 안정을 취하게 하고 흥분을 억제하며 말로써 제압할 수 있는 능력이 있는가?

3 감정 상태

- 어떠한 상황에서도 흔들리지 아니하고 빠르고 정확하게 판단할 수 있는 고도의 능력이 있다고 믿는다.
- 어떠한 상황에서도 달리기나 격투 등 신속하고 빠르게 대응을 할 수 있는 능력이 있다고 자신한다.

여러 가지 상황 속에서도 흔들림 없는 행동으로 상대에게 약하게 보이지 않고 자신을 지킬 수 있는 냉정한 상황 판단 능력을 키워야 한다.

생활 호신술
실기

2부

① 생활 호신술 실기 기술

평범하게 일상생활을 하면서 본인이 원하지 않는 시간과 공간에서 우연히 치한으로부터 공격을 받거나 위험에 처해 있을 때 누군가에게 도움을 청하고 싶지만 혼자서 해결을 하여야 하는 경우 평소에 전문적인 무술이나 호신술을 익힌 경험이 전혀 없는 사람은 상대를 퇴치할 수 있을까 하는 두려움과 무슨 동작을 해야 하나 하는 망설임을 떨칠 수 없다.

호신술 하면 떠오르는 것이 무술의 고단자가 치한을 멋있고 화려한 운동 기술로 제압하고 환하게 웃는 동작이다.

그러나 현실은 그러한 무술 고단자가 가지고 있는 기술을 일반인이 따라 할 수 없다는 것이다. 호신술을 지도하는 사람이 일반인 누구나 할 수 있는 동작을 고하지 아니 하고 무술 고단자 수준에 맞는 책을 쓰다 보니 일반인이 동작을 이해하지 못하는 아쉬움이 있는 것이 현실이다.

점점 어렵고 이해하지 못하는 기술로 책들이 구성되다 보니 호신술은 생활에 꼭 필요하고 수련을 하고 익혀야 하는데도 멀리 하게 된다.

나에게는 아무런 문제가 발생하지 않기를 바라는 마음으로 빌면서 하루하루 불안한 생활을 하다가도 어느새 그것이 만성이 되면 그 불안한 마음까지도 잊어버리고 생활하는 것이 현실이다.

필자는 사람들이 이러한 두려움에서 벗어나고 실제 상황에서 자신을 보호하며 치한을 퇴치할 수 있는 동작을 엄선하여 이렇게 책으로 엮었다.

혼자 또는 가족과 함께 누구나 연습할 수 있도록 동작을 그림과 함께 간단히 정리함으로써 무술을 익히지 않은 사람들도 사용할 수 있도록 하였으며 단, 치한이 나에게 다시는 공격을 하지 못하도록 완벽하게 제압을 하고 필요에 따라서는 치한에게 결정적인 부상을 입힐 수 있다는 조건하에서 실기 동작을 구성하였다.

그러나 도망가는 것이 제일 좋은 호신술이라는 것을 잊어서는 안 된다. 도망가는 것이 제일 좋은 호신술인 것은 도망을 하고 난 후에는 가해자도 피해자도 없이 모두가 평온하게 정상적인 생활로 돌아가기 때문이다.

실제로 호신술 동작을 치한에게 사용할 경우는 다시는 치한이 나에게 공격을 하지 못하게 완벽하게 제압하고 주변 동료 치한과 합세하여 2차 공격을 하지 못하게 빨리 그 자리를 떠나야 한다.

호신술은 공격 상황에서 탈출하고 나에게 다시 공격하지 못하게 치한을 완벽하게 쓰러트리는 것이 제일 큰 목표이다. 이 목표를 달성하지 못할 경우에는 행동을 자제하고 있다가 기회가 왔을 때 단 한 번의 공격으로 완벽하게 치한을 제압하여야 한다.

치한을 쓰러트리면 폭력행위로 처벌을 받을 것 같아서 신속하게 행동하지 않고 미루다가 크나큰 화를 자초하는 경우가 있다. 실제 상황에서 호신술은 정당방위라는 법의 보호를 받을 수 있기 때문에 두려워하지 말고 과감하게 치한을 제압하여야 한다.

호신술을 사용하기 전에 한번쯤 생각하여야 할 것은 다음과 같다.

- 범죄, 자연재해, 교통사고 등 도처에 도사리고 있는 예상하지 못하는 위험 상황에 자신이 노출이 되어 있다고 생각하고 항상 주위를 경계하고 생활하여야 한다. 게다가 신문과 방송을 통하여 보도되는 범죄자는 흉악범이 대부분을 차지하고 있으며, 단순한 것 때문에 목숨을 노리는 행위를 서슴지 않는 현실이다.
- 호신술을 사용하기 전에 먼저 내 주변에서 무엇이 나를 위협하는가, 위협을 느낀다면 동기가 무엇인가, 가해 목적을 어디에 두고 있는가를 정확히 알아야 다음 행동준비를 할 수 있다.
- 치한이 위협하는 동기는 돌발적인 것에서부터 계획적인 것에 이르기까지 다양하고 대상은 불특정 다수인이 될 수 있으므로 언제, 어디에서 나에게 이러한 불행이 다가올지 모른다는 전제 조건 아래 평소에 가족이나 친구들 사이에서 호신술을 연습하여야 자신을 보호할 수 있다.

② 실제 상황에서의 실기

◉ 치한에게 동일 방향의 한쪽 손목을 잡혔을 경우

치한에게 손목을 강제로 잡혔을 경우 끌려가지 않고 상대의 힘을 역이용하고 자신의 팔꿈치를 이용하여 상대의 턱을 정확하게 공격하여 쓰러트리는 동작이다.

1 한 걸음 걸어 들어가면서 잡혀 있는 손쪽의 팔꿈치로 상대의 턱을 강타하는 방법

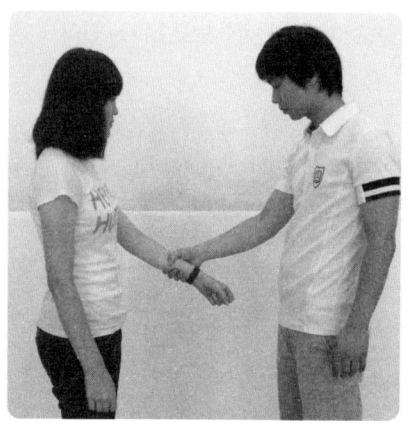 

한쪽 손목을 잡혔을 경우 그 손목을 본인의 방향으로 1cm 정도 당기는 척 하다가 상대의 얼굴을 향하여 주먹으로 치듯이 앞으로 올리다

가 본인의 가슴 앞부분으로 당긴다.

　손목이 상대에게서 빠져나오면 반대 손을 주먹에 감싸고 회전 운동 원리를 이용하여 허리와 온몸의 힘으로 나의 팔꿈치로 정확하게 상대의 턱을 가격하여 퇴치한다.

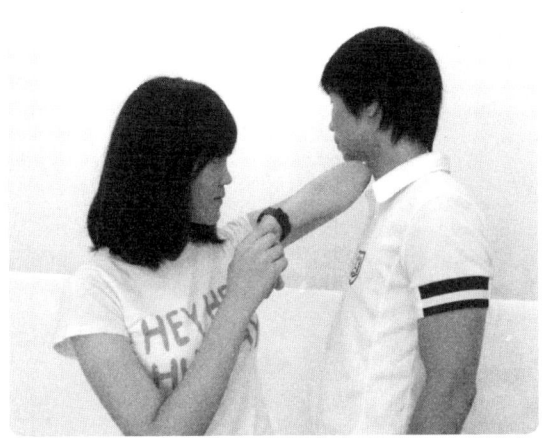

　상대의 턱을 가격할 경우 몸의 중심이 앞으로 향하여야 하므로 뒷발을 자연스럽게 앞으로 당겨서 끌어당긴다. 이때 상대의 턱에 시선을 두고 정확하게 가격할 수 있도록 몸의 중심 이동을 잘하여야 한다.

◎ 치한에게 반대 방향 즉 교차 방향으로 한쪽 손목을 잡혔을 경우

　상대에게 끌려가는 척하면서 상대의 힘을 역이용한다. 잡힌 손을 상대의 등 뒤로 돌리면서 들어 올려 상대의 어깨 관절을 등 뒤에서 제압한다.

1 손을 틀고 상대의 등 뒤로 걸어들어 가면서 팔 관절을 꺾어 제압하기

 손목이 교차된 상태로 잡혔을 경우 우선 잡힌 손의 방향(오른손을 잡혔으면 오른쪽방향, 왼손을 잡혔으면 왼쪽 방향)으로 엄지손가락이 바닥을 향하게끔 손목을 돌려서 치한이 내손을 잡고 있는 손목을 나도 같이 잡아준다.

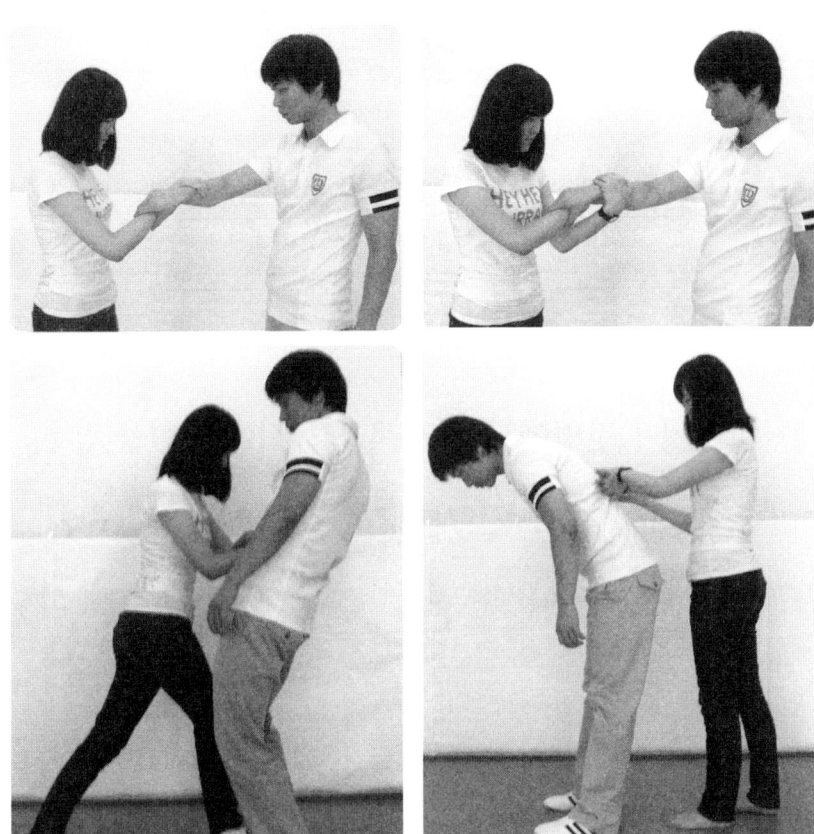

　그 다음 반대 손을 나와 치한이 잡고 있는 손의 아래 방향으로 들어가도록 하고 치한의 손등을 내 손으로 감싸 쥐면서 팔목을 잡힌 손 방향의 발을(오른손을 잡혔으면 오른쪽 방향, 왼손을 잡혔으면 왼쪽 방향) 한 걸음 상대의 등 뒤로 빠르게 이동한다.
　치한의 손을 걸어 들어가는 방향으로 밀면서 다음 발을 빠르게 이동하여 내 몸을 상대의 등 뒤에 완전히 숨기면서 잡고 돌아간 팔을 하늘을 향하여 힘 있게 올려서 어깨 관절을 탈골시킨다.

> **∷ 자신의 안전 지키기**
>
> 초면에 상냥한 모습이나 정중한 태도를 보인다고 해서 안전하다고 믿고 마음을 놓아서는 절대로 안 된다. 그리고 위험하다고 판단되면 빨리 그 장소를 피하여 멀리 이동한다.

◉ 치한에게 전면에서 두 손목을 동시에 잡혔을 경우

치한에게 전면에서 양쪽 손목을 강제로 잡혔을 경우 사용하는 호신술 동작은 여러 가지가 있다. 그중에서 상대로부터의 거리나 힘, 빠른 판단력으로 치한을 퇴치하는 쉬운 동작 네 가지를 알아보면 다음과 같다.

1 양쪽 팔목을 안으로 돌리면서 양 주먹으로 턱 치기

 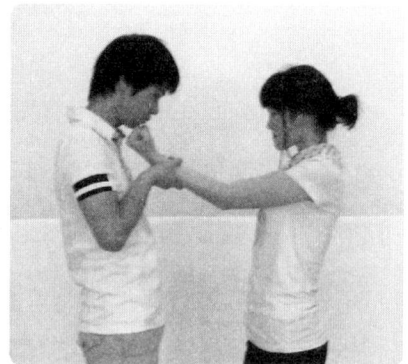

치한에게 시선을 고정한 후 잡힌 두 손을 아래 방향으로 약간 내리는 척하다가 손목을 오른손은 오른쪽으로, 왼손은 왼쪽으로 돌리면서 치한을 향하여 한 걸음 걸어 들어가면서 두 주먹을 이용하여 턱을 강하게 공격한다.

2 무릎으로 상대의 낭심 가격하기(가까운 거리에서)

 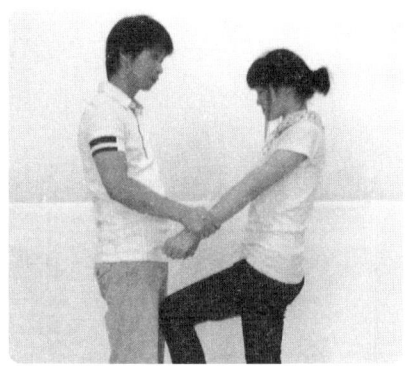

치한과 내 몸이 가까이 있거나 치한이 나를 끌어안으려고 하는 바람에 내 몸의 중심이 치한 쪽으로 이동되었을 때는 무릎을 접어서 치한의 낭심을 수직으로 올려치면서 공격한다.

3 발등으로 상대의 낭심 가격하기(먼 거리에서)

치한으로부터 내 몸이 조금 멀리 있다고 느껴지면 뒤쪽에 있는 발을 이용하여 치한의 낭심을 수직으로 걷어 올리듯이 공격한다.

4 이마로 얼굴을 강타하고 무릎으로 낭심 가격하기

치한이 두 손을 잡아당기며 내 몸을 끌고 가는 상태에서 나의 체중을 이용하여 이마로 치한의 코를 강하게 공격을 하고, 이 공격이 실패하였다고 생각되면 무릎을 올려 낭심을 또다시 공격한다.

> **::자신의 안전 지키기**
>
> 사람이 붐비는 번화가에서 위험을 피하는 방법은 다음과 같다.
> ① 눈으로 보아 위험해 보이는 사람은 일단 피한다.
> ② 모르는 사람과 오래 눈을 마주치지 않는다.
> ③ 타인 앞에서 호감을 보이는 행동을 자제한다.
> ④ 남이 싸우는 데는 절대 끼어들지 않는다.
> ⑤ 술 취한 사람은 비켜서 지나간다.
> ⑥ 다른 사람과 어깨를 부딪히지 않으려 노력을 한다.
> ⑦ 트집을 잡아도 신경을 쓰지 않는다.

◎ 치한이 뒤에서 목을 감아서 조르는 경우

치한이 갑자기 뒤에서 목을 감싸고 공격할 경우 다음과 같이 침착하게 행동하여 위험 상황에서 탈출하고 치한을 퇴치하는 방법이다.

1 업어치기로 공격을 한 후에 무릎이나 발로 급소를 가격하고 또다시 팔의 관절 꺾기

자신의 목을 감싸고 있는 치한의 팔을 두 손으로 잡고 아래로 끌어내리면서 무릎을 구부리고 주춤서기 자세에 가깝게 최대한 몸의 중심을 낮추고 턱을 당겨서 호흡할 수 있는 공간을 확보한다.

 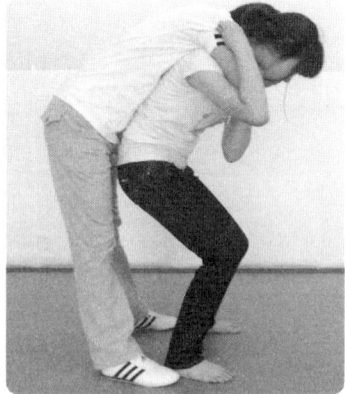

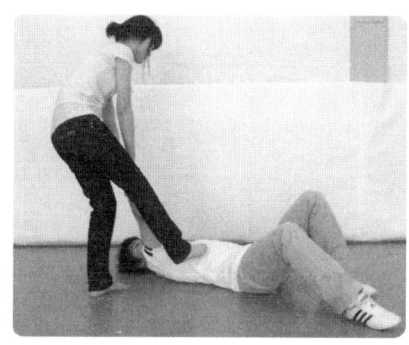 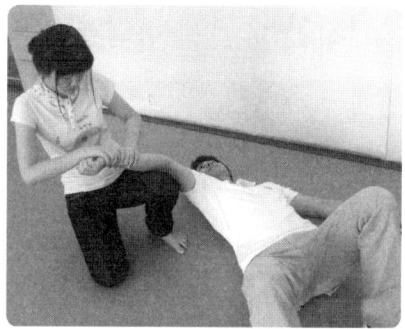

　왼손은 자신의 목을 감싸고 있는 치한의 손목이나 옷깃을 움켜잡고, 오른손은 치한의 목 쪽에 있는 옷을 움켜잡고 최대한 앞으로 상체를 숙여 업어치기를 한다. 그리고 오른발로 치한의 몸통을 공격한 후 몸을 돌려서 치한의 팔을 꺾음으로써 또다시 자신을 공격하지 못하도록 완벽하게 제압한다.

> **:: 자신의 안전 지키기**
>
> 관광 비자로 입국하여 한국에서 직장을 다니며 살아가는 외국인이 많고, 최근에는 밀항을 하려고 범죄를 저지르는 외국인도 많다. 외국인이라고 무조건 친절히 대하는 것을 삼가고 어느 정도 경계심을 가지는 것도 안전에 도움이 된다. 외국인 암거래상과는 절대 가까이 해서는 안 된다.

◉ 치한이 뒤에서 팔을 안으로 넣고 자신을 안았을 경우

뒤에서 치한이 자신의 두 팔을 움직이지 못하게 감싸 안고 위협할 경우 치한이 몸을 들어올리기 전에 다음과 같은 행동을 빠르게 하여야 한다.

1 양팔을 벌리면서 옆구리를 공격한 후 업어치기를 하거나 무릎이나 발로 급소를 가격하고 팔 관절 꺾기

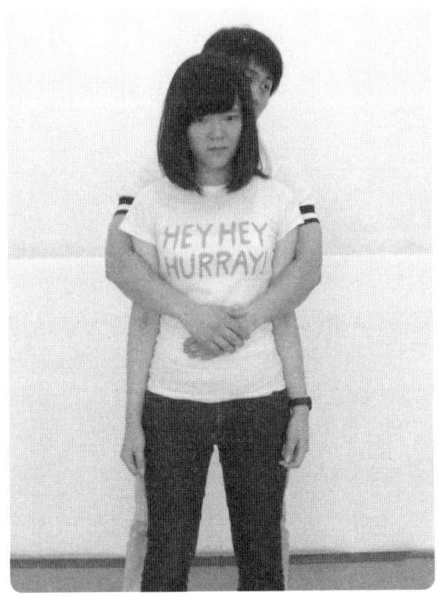

뒤에서 치한이 두 팔을 움직이지 못하게 감싸 안고 위협할 경우, 치한이 자신의 몸을 들어올리기 전에 두 팔을 가슴 앞쪽으로 최대한 오므리고 두 다리를 약간 벌리면서 체중이 아래로 내려가게 앉는다. 이와 동시에 두 팔을 양쪽 방향으로 힘차게 벌리고 체중을 이용하여 치한의 품에서 빠져 나온다.

치한의 품에서 빠지는 순간 1차적으로 왼쪽 팔꿈치를 뒤로 강하게 뻗어 치한의 왼쪽 옆구리를 공격하고 이어서 오른쪽 팔꿈치를 뒤로 강하게 뻗어 오른쪽 옆구리를 공격한다. 두 손을 뒤로 최대한 올려서 옷깃을 잡고 몸의 중심을 앞으로 낮추면서 엎어치기를 한 후 발로 공격을 한 번 더하고 몸을 돌리면서 팔꺾기 동작으로 마무리한다.

> **::자신의 안전 지키기**
> 우리는 모두 어느 장소에 있든지 범죄자의 표적이 될 수 있다. 인간은 누구나 위험을 느끼는 예감을 가지고 있으므로 그러한 예감이 들면 재빨리 자리를 피한다. 안전을 지키려면 예감의 인지도를 높이는 노력을 하는 것도 필요하다.

◎ 치한이 뒤에서 팔을 밖으로 넣고 자신을 안았을 경우

치한이 뒤에서 허리를 강하게 감싸 안고 위협을 할 경우 우선 배 근육에 최대한의 힘을 주고 허리를 약간 앞으로 굽혀서 복부의 고통을 최대한으로 줄인다.

1 잡힌 팔의 손목을 꺾고 뒤로 돌면서 빠진 후 팔 관절 꺾기

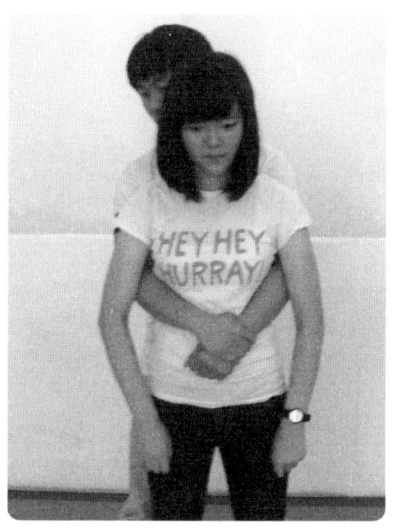

치한의 손 모양을 제일 먼저 파악하여야 한다. 치한이 손을 서로 교차해서 잡고 있는 것을 보고 오른손이 위에 있으면 오른손으로 공격하고 왼손이 위에 있으면 왼손으로 공격한다.

치한의 오른손이 왼쪽 손목을 힘있게 감싸 잡고 있을 시 나의 왼손은 치한의 왼쪽 손목을 복부에 붙여서 최대한 꼭 잡고, 오른손을 펴서 손끝이 아래로 향하게 한다. 그 다음에는 치한의 주먹을 감싸 쥐고 왼

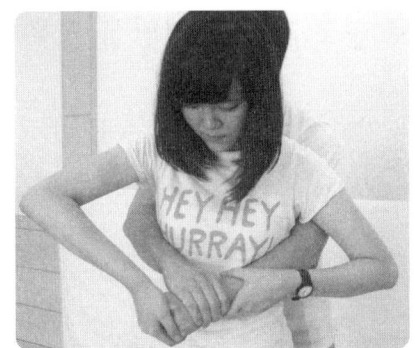 

쪽 방향으로 힘있게 밀면서 시계 반대 방향으로 들어 올리며 강하게 왼쪽 손목을 꺾는다. 그 후 오른발이 왼쪽으로 180도 돌아가는 동안 치한의 팔꿈치를 자신의 겨드랑이 사이에 넣고 체중을 아래 방향으로 최대한 빠르게 주저앉듯 내리면서 팔꿈치를 꺾는 공격까지 한다.

2 잡은 손의 손가락을 꺾고 뒤로 돌면서 빠져 팔 관절 꺾기

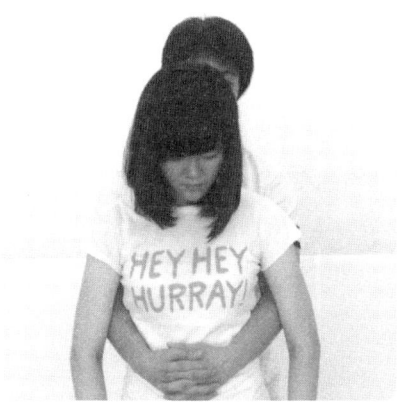 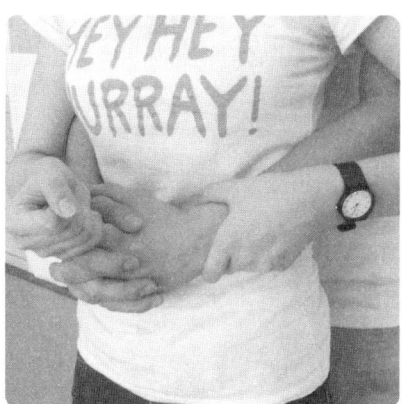

치한이 깍지를 끼고 있는 것을 확인한 후 왼손으로 치한의 왼쪽 손목을 힘있게 잡고 복부에 최대한 밀착시킨다. 그 다음 오른쪽 손바닥을 펼치고 엄지와 중지를 넓게 벌린 후 치한의 손등을 따라서 내려가다 그 중에서 치한의 손가락 하나만 감싸 쥐고 손가락 반대 방향으로 최대한 힘있고 빠르게 손가락을 꺾는다.

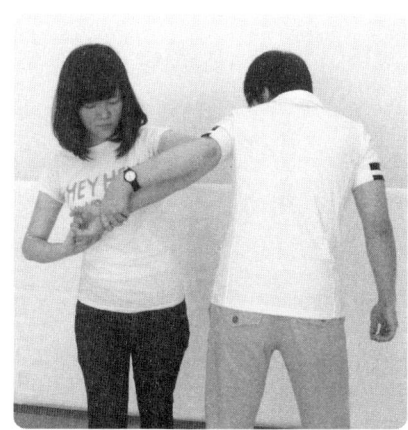 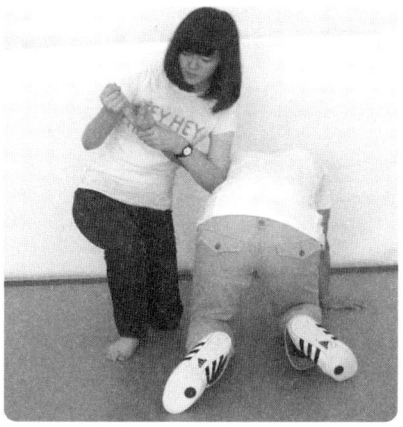

강하게 손가락을 꺾은 후에 자신의 오른손을 시계 반대 방향으로 돌린다. 오른발이 왼쪽으로 180도 돌아가는 동안 치한의 팔꿈치를 자신의 겨드랑이에 넣고 체중을 아래로 최대한 빠르게 주저앉듯이 내리면서 팔꿈치를 꺾는다.

3 머리로 얼굴을 강타하고 발로 상대의 발등을 공격한 후에 발목을 잡아당겨 낭심을 공격한 다음 발목 꺾기

치한이 뒤에서 허리를 강하게 감싸 안고 위협할 경우 복부에 힘을 준다. 손목과 손가락을 꺾을 수 있는 힘이 없다고 판단되면 허리를 앞으로 숙였다가 최대한 빠르게 머리를 뒤로 젖히면서 뒤통수로 치한의 얼굴을 강타한다.

치한의 얼굴 강타를 실패하면 신발 뒤축을 이용하여 치한의 발등을 다음 동작과 같이 최대한 힘있게 밟는다. 이 동작이 실패하면 허리를 숙여 치한의 한쪽 발목의 옷깃을 잡고 힘있게 허리를 들어 치한의 발을 올려서 뒤로 넘어지게 한다.

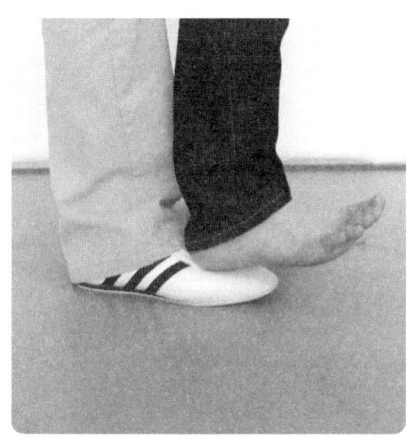

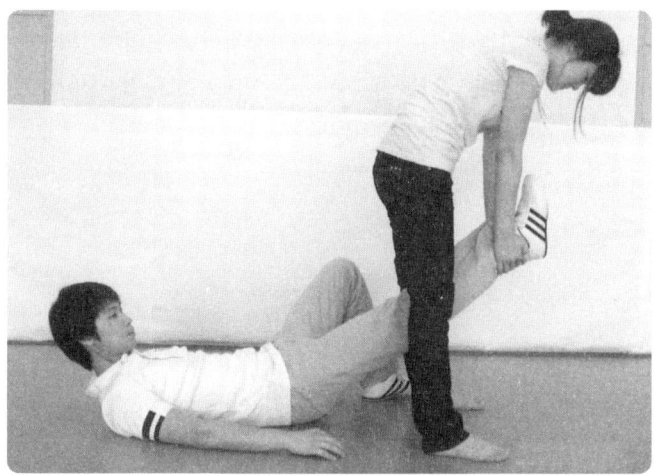

치한이 뒤로 넘어진 후 발로 낭심을 공격하고 발목 관절을 돌려 틀면서 무릎 관절까지 꺾는 동작을 빨리 이어서 진행한다.

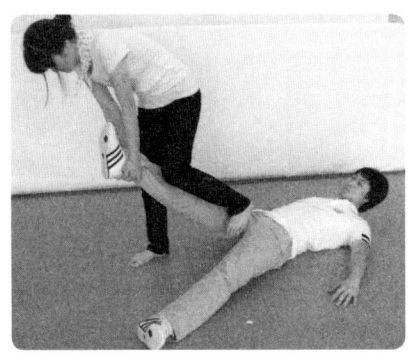 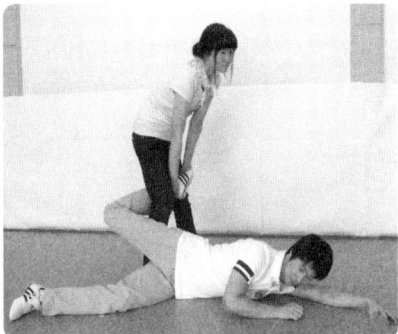

::자신의 안전 지키기

인체의 급소를 정확히 알고 있어야 정확하게 공격할 수 있다. 급소는 적은 힘으로 큰 피해를 줄 수 있는 부위다. 결정타를 날리지 못하면 공격은 실패하기 마련이다. 한 번 공격을 하면 상대가 쓰러질 때까지 연속으로 해야 한다. 공격은 최대의 방어이다.

치한이 앞에서 안으려고 할 경우 선제공격 제압법

치한이 골목길이나 벽을 이용하여 정면에서 안으려고 하면 우선 두 손바닥을 펴서 치한의 가슴에 대고 더 이상 접근하지 못하게 1차적인 방어막을 만들어야 한다.

1 주먹으로 얼굴 가격하기

앞에서 안으려고 행동을 시작하면 치한보다 한 박자 빠르게 주먹으로 치한의 얼굴을 향하여 힘있게 공격하여야 한다. 목표 부위를 코로 하면 제일 정확하고 타격이 크다.

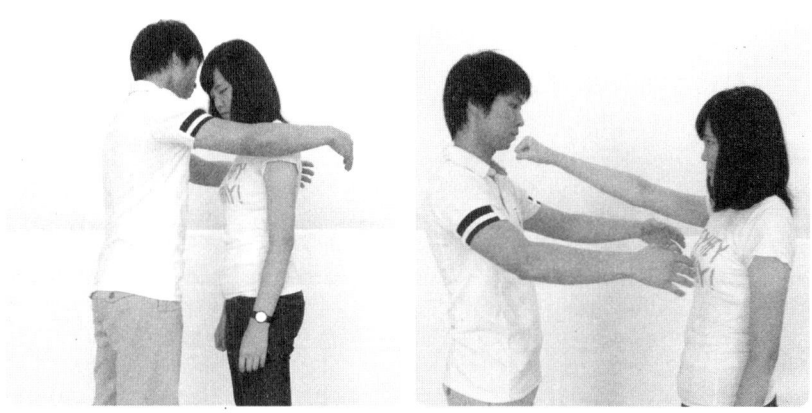

2 명치 가격하기

치한이 앞에서 안으려고 접근하면 오른손으로 주먹을 꼭 쥐고 힘있게 허리에서부터 일직선으로 뻗어 명치를 가격한다. 이때 치한이 와이셔츠를 입었을 경우에는 목 아래로 네 번째 단추가 있는 부위가 명치임을 참고로 알아두면 명치 급소에 정확한 타격을 할 수 있다.

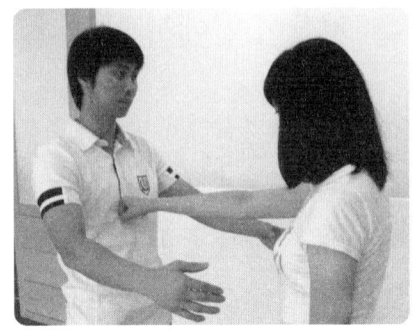

3 두 손가락으로 눈 공격하기

치한이 앞에서 안으려고 접근하는데 자신보다 키가 크고 체격도 많이 큰 경우는 치한보다 빠르게 검지와 중지만 펴서 치한의 눈을 향하여서 힘있게 공격한다.

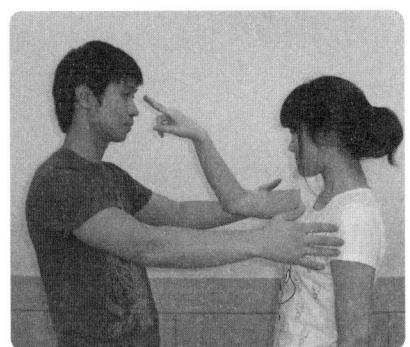

4 칼재비로 목을 가격하기

자신과 키가 비슷한 치한이 앞에서 안으려고 접근을 할 경우 정면을 향하여 엄지와 중지를 편 후 손목이 휘어지지 않고 일자로 펴지게 한다. 그 다음 치한의 목을 향하여 빠르고 힘있게 공격한다. 이때 치한의 목을 정확히 보면서 공격하면 남성은 튀어나온 목뼈가 있기 때문에 정확하게 목표물을 가격할 수 있다.

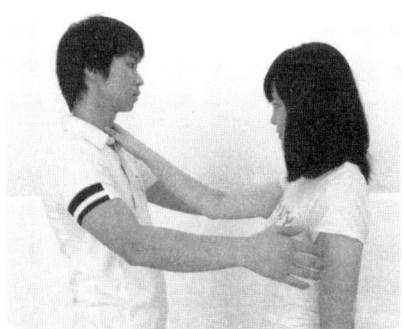

5 무릎으로 낭심을 가격한다.

자신보다 키가 작은 치한이 정면에서 이미 자신을 안았을 경우에는 무릎을 아래에서 위로 향하여 일직선으로 힘있게 들어 올리면서 낭심을 공격한다.

6 이마로 얼굴 공격 후 무릎으로 낭심을 가격하기

자신과 키가 비슷한 치한이 정면에서 이미 자신을 안았을 경우에는 고개를 뒤로 이동하여 치한의 얼굴을 공격한 후 무릎을 아래에서 위로 일직선으로 힘있게 들어 올리면서 낭심을 공격한다.

::자신의 안전 지키기

① 호신용 호루라기는 필수품으로 지니고 다닌다.
② 버스나 지하철을 탈 때는 성추행에 대비하여 옷핀을 꼭 가지고 다닌다.
③ 유사 시 자신이 즐기는 스포츠를 응용하여 호신술로 이용한다.

치한에게 한 손으로 멱살을 잡혔을 경우

상대가 멱살을 잡고 위협할 때는 다음과 같이 행동한다.

1 손목을 비틀고 팔 관절을 앉으면서 꺾기

치한이 오른손으로 멱살을 잡으면 자신도 오른손으로 치한의 손등을 감싸듯이 잡으면서 손끝을 치한의 손바닥 쪽으로 깊이 넣는다. 그리고 왼손을 오른손 위에 얹듯이 놓으면서 치한의 손을 내 몸에 밀착시킨다.

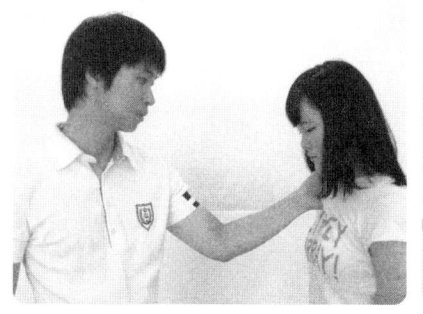 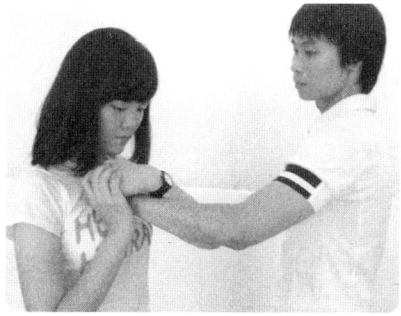

자신의 몸에 치한의 손이 밀착될 경우 오른쪽 방향으로 두 손을 힘있게 돌리는 순간 오른발이 뒤로 빠지면서 180도 돌아가면 자연히 왼팔을 들린다. 왼팔이 들리면 치한의 팔꿈치가 자연스럽게 자신의 겨드랑이 밑으로 들어오게 된다. 그러면 체중을 치한의 몸 아래로 두면서 상체로 치한의 팔 관절을 꺾는다.

❷ 손목을 잡고 팔 관절을 하늘을 향하여 들어 올리는 동작으로 관절 공격하기

치한이 한 손으로 멱살을 비틀어서 잡고 주먹을 턱 방향 위를 향하여서 들어 올리는 경우 손으로 치한의 손목을 나의 가슴 쪽으로 최대한 밀착시킨다.

치한의 손을 가슴에 밀착시킨 후 치한에게 손을 잡힌 쪽의 발은 뒤편 반대로 180도 최대한 신속하게 이동한다. 동시에 반대쪽 손바닥을 편 후 치한의 팔꿈치에 대고 힘있게 하늘을 향하여 밀어 올림으로써 치한의 팔 관절을 꺾는다.

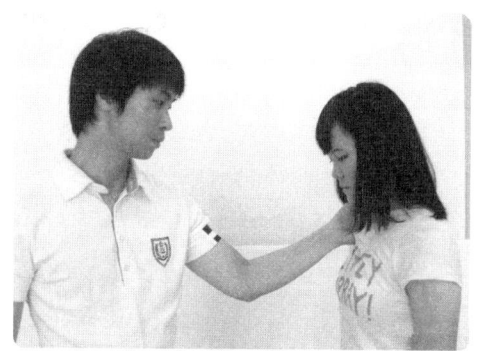

::자신의 안전 지키기

흉기를 가진 상대를 만나면 냉정하고 침착하게 행동한다. 상대의 움직임을 냉정히 파악을 하고 순간의 빈틈을 노린다. 휴대하기 편리하고 기능적인 칼도 흉기로 변할 가능성이 있다. 상대의 시선을 집중하라. 그러면 동작을 알 수 있다.

◎ 치한에게 양손으로 멱살을 잡혔을 경우

상대를 자기보다 약자로 보고 두 손으로 멱살을 잡고 위협하며 자신을 부각시키는 일은 빈번하게 일어나는 편이다.

1 이마로 얼굴 강타하기

치한이 두 손으로 멱살을 잡고 위력적으로 자신을 들어 올리는 순간 최대한 신속하게 치한이 자신을 당기는 힘을 역이용하여 이마로 치한의 코 방향을 강하게 공격한다.

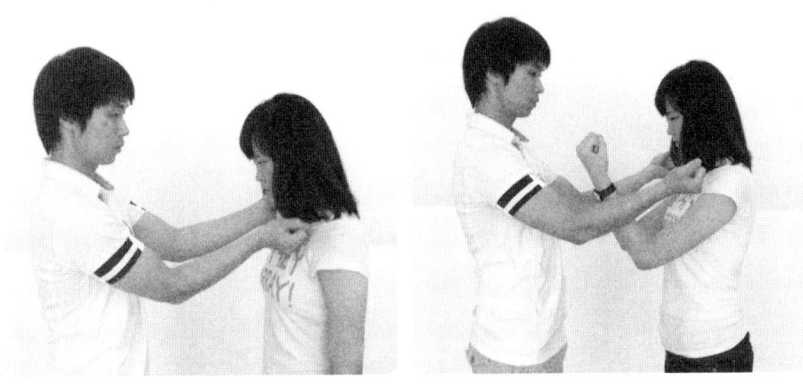

2 무릎으로 낭심을 강타한다.

자신보다 키가 크고 체격이 좋은 치한이 두 손으로 멱살을 잡고 위력적으로 자신을 잡아당기는 순간 최대한으로 신속하게 치한이 자신을 당기는 힘을 역이용하여 무릎을 아래에서 위쪽으로 강하고 힘있게 공격한다.

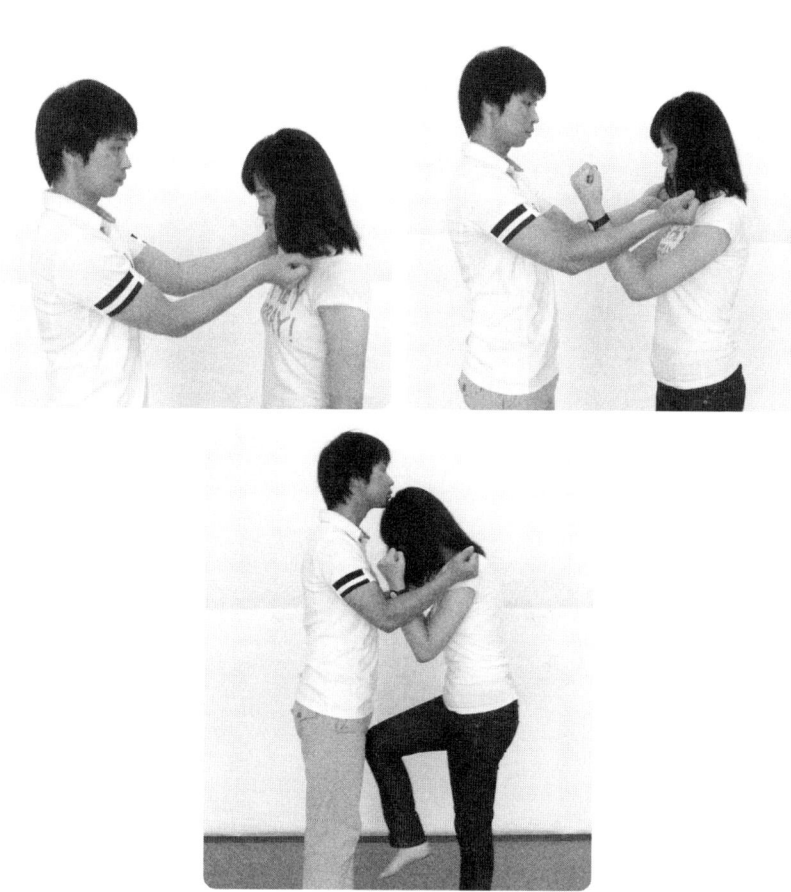

3 이마로 얼굴 강타하고 손날로 옆구리를 강타한 후 무릎으로 낭심 공격하기

자신보다 키가 크고 체격이 좋은 치한이 두 손으로 멱살을 잡고 위력적으로 자신을 잡아당기는 순간 최대한 신속하게 치한이 자신을 당기는 힘을 역이용하여 이마로 치한의 코 방향을 향하여 강하게 공격한다. 그리고 양 손날을 펴서 옆구리의 갈비뼈를 강하게 공격하고 이어서 무릎을 아래에서 위로 강하고 힘있게 가격한다.

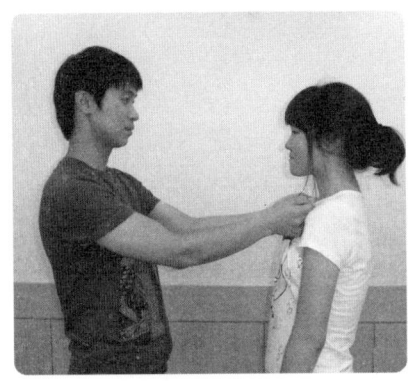
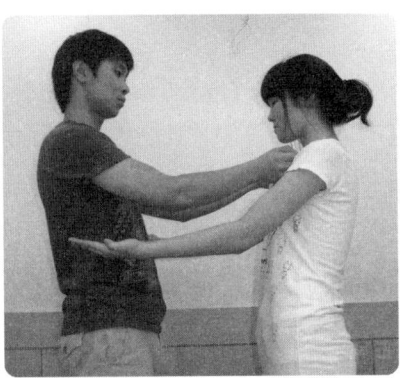

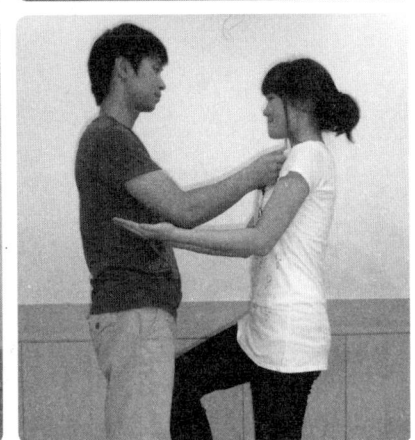

> **::자신의 안전 지키기**
>
> ① 팔꿈치의 위력을 높이려면 반대쪽 손도 같이 사용한다.
> ② 고환은 남성의 최대 약점이자 최대 급소이다.
> ③ 화려하고 멋진 차기 기술보다 정확한 차기 동작이 더욱더 화려하다.
> ④ 여성이라도 급소를 정확하게 공격하면 큰 충격을 줄 수 있다.

◉ 치한에게 허리띠를 잡혔을 경우

자신과 비슷한 체격의 치한이 허리띠를 잡고 끌고 가려는 행동이 정확히 나타나면 반드시 자신의 허리띠를 잡고 있는 치한의 손목을 힘있게 잡아 당겨 자신의 허리띠에 더욱더 밀착을 시킨다.

1 잡은 손을 허리에 밀착하고 반대 손으로 팔 관절 꺾기

치한이 허리띠를 잡고 자신을 끌고 가려고 하면 잠시 시간을 벌어서 행동을 멈추지 말고 치한이 허리띠를 잡은 손을 같은 방향의 손으로 잡고 자신의 배에 밀착시킨다.

치한이 손등을 위로 한 상태에서 허리띠를 잡았다면 치한의 손과 같은 방향의 손 즉 치한이 오른손이라면 나도 오른손을 사용하고, 치한이 왼손으로 잡았다면 나도 왼손으로 치한의 손목을 꼭 잡아 자신의 허리띠에 최대한 밀착시켰다고 생각하면 반대쪽 손바닥의 엄지를 벌린 상태에서 치한의 팔꿈치 관절에 밀착시킨다. 자신도 치한의 손목을 잡은 방향에 있는 발을 뒤로 90도 움직이면서 반대 손으로 힘있게 치한의 팔꿈치를 꺾는다.

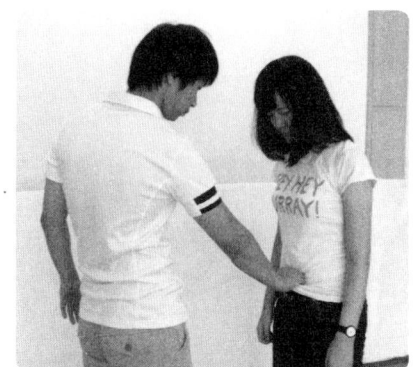
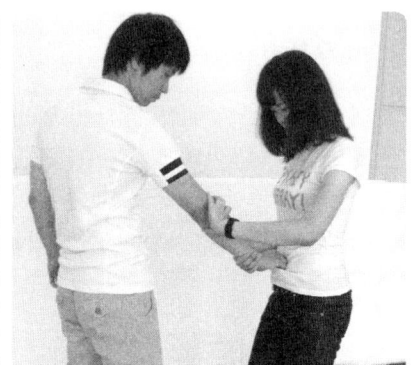

2 잡은 손을 허리에 밀착한 후 밑에서 위로 올리면서 팔 관절 꺾기

치한의 손등이 지면을 향하는 동작으로 자신의 허리띠를 잡았다면 치한의 손과 같은 방향의 손 즉 치한이 오른손이면 내 손도 오른손을 사용하여 치한의 손목을 꼭 잡아 나의 허리띠에 최대한 밀착시킨다.

치한의 손이 내 허리띠에 최대한 밀착되었다고 생각되면 자신의 반대 팔을 몸 뒤로 멀리 들어준다.

자신의 팔을 뒤에서 앞으로 가속력을 더하여 최대한 빠르게 움직이면서 치한의 손목을 잡은 방향의 발은 뒤로 90도 돌면서 가속력을 더하여 치한의 팔꿈치 관절에 자신의 팔꿈치 관절을 밀착시키고 치한의 손목을 잡은 방향으로 발을 뒤로 90도 움직여 돌아서면서 반대 팔꿈치를 굽혀 원심력으로 힘있게 치한의 팔꿈치를 하늘을 향하여 45도로 들어 올리면서 꺾는다.

::자신의 안전 지키기

① 항상 내가 피해자가 될 수 있다는 생각으로 행동을 한다.
② 밤늦게 귀가할 시에는 가족에게 시간과 경로를 사전에 알려준다.
③ 노출이 심한 도발적인 복장은 삼간다.
④ 늦은 밤 혼자 다니는 것은 피한다.

치한이 발차기 공격을 할 경우

치한이 발차기로 공격을 하였을 시에 이를 피하거나 당황하지 말고 차분하게 처리하여 2차적인 피해를 막아야 한다.

1 한 손으로 밑에서 위로 상대의 발을 잡고 무릎으로 낭심 공격 후 발목 및 무릎 관절 공격하기

치한이 발차기로 공격하였을 시에 당황하거나 피하지 말고 치한이 발차기하는 방향의 손을 들어서 발을 자신의 팔에서 빠져나가지 못하도록 꼭 잡는다.

발을 자신의 팔에서 빠져나가지 못하도록 꼭 잡은 후 한 발은 걸어 들어 가면서 반대 손은 칼재비 모양으로 목을 공격하고 발로 치한의 낭심을 향하여 힘있게 차올리면서 넘어트린다.

뒤로 넘어진 치한을 주먹으로 얼굴 또는 복부를 가격하고 이어서 무릎 관절을 꺾어서 2차적인 피해를 막는다.

2 한 손으로 밑에서 위로 상대의 발과 멱살을 잡은 후 안다리 후리기 후 주먹으로 얼굴 공격하기

치한이 발차기로 공격하였을 시 당황하거나 피하지 말고 치한이 발차기하는 방향의 손을 들어서 나의 팔에서 발이 빠져나가지 못하도록 꼭 잡는다.

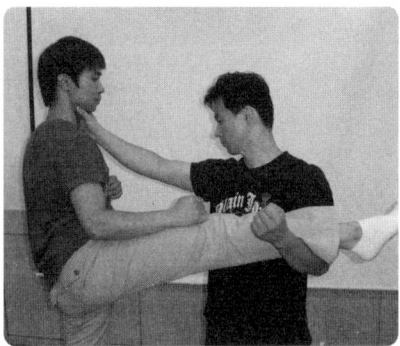

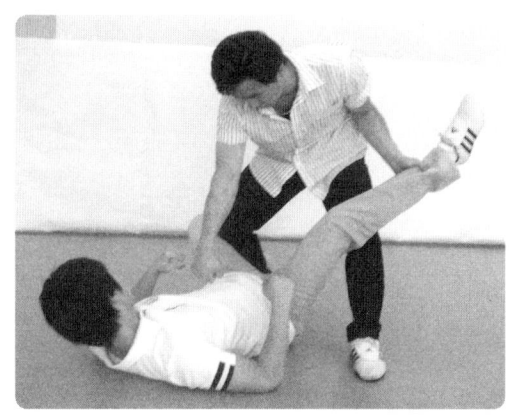

발을 자신의 팔에서 빠져나가지 못하도록 꼭 잡은 후에 한 발은 걸어들어 가면서 반대 손은 칼재비 방향으로 목을 공격한다. 이때 한 발은 치한의 지지축 발을 힘있게 걸어서 당기면서 치한을 넘어트린다.

 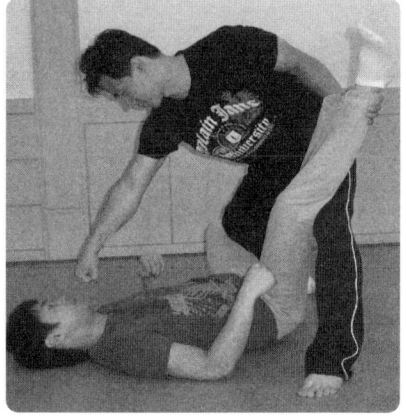

뒤로 넘어진 치한을 주먹으로 얼굴 또는 복부를 가격하고 이어서 무릎 관절을 꺾음으로써 또다시 공격을 하지 못하도록 막아야 한다.

> ::자신의 안전 지키기
>
> ① 엘리베이터 안에서 모르는 남성과 단둘이 탔을 때는 방심하지 않는다.
> ② 엘리베이터 안에서 만원일 때는 핸드백과 지갑을 특히 조심한다.
> ③ 엘리베이터 안에서 친구나 부모님에게 휴대전화로 통화한다.
> ④ 호신용 도구를 핸드백에 항상 가지고 다닌다.

◉ 치한이 강제로 키스할 경우

갑자기 치한이 예상치 않게 강제로 키스하려고 하면 피하지 말고 다음 동작으로 물리쳐야 한다.

1 한 손으로 뒷머리를 잡고 한 손으로는 턱을 비틀기

갑자기 치한이 와서 강제로 키스하려고 하면 침착함을 잃지 말고 치한의 얼굴 방향을 살펴보아야 한다.

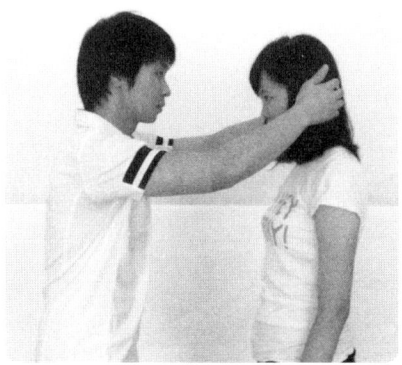 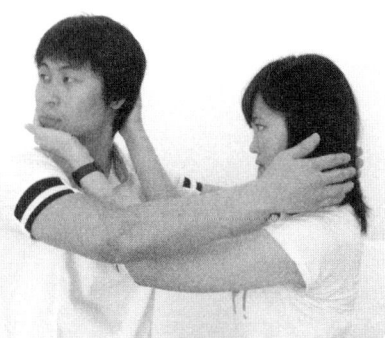

치한의 얼굴 방향을 확인한 후에 한 손은 치한의 턱에 손바닥을 대고 다른 한 손은 치한의 뒤통수 방향으로 돌려서 머리카락이나 머리를 감싸 쥔다. 두 손을 동시에 한 방향으로 힘있게 비틀어서 치한을 퇴치한다.

2 옆구리를 가격한 후 낭심을 가격하면서 이마로 얼굴 가격하기

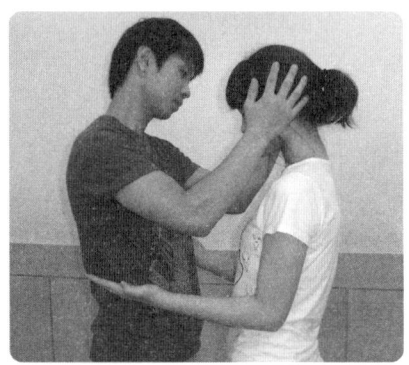
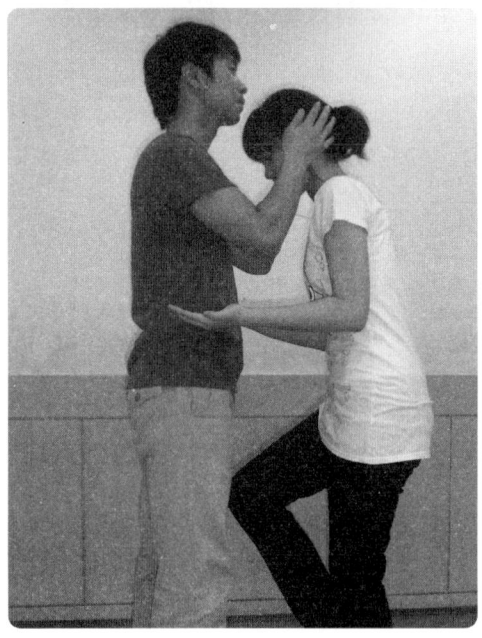

치한에게 자신의 얼굴이나 머리를 잡혔을 경우 두 손을 양옆으로 들어 올린 후에 내려오는 가속력을 이용하여 힘있게 갈비뼈를 향하여 때린다. 그리고 무릎을 이용하여서 치한의 낭심을 공격한다.

> **::자신의 안전 지키기**
> ① 치한의 약점은 눈에 있다.
> ② 눈 공격은 누구나 할 수 있다.
> ③ 치한이라도 눈은 보호용구나 시설이 없다.
> ④ 눈을 공격당하면 회복 시간이 길어서 도망갈 수 있는 시간이 그만큼 길어진다.

◉ 치한이 뒤에서 어깨를 잡을 경우

길거리에서 치한의 얼굴이 보이지 않는 상황에서 갑자기 어깨를 잡고 흔들 경우에는 다음과 같이 한다.

1 반대 손으로 상대의 손을 밀착한 후 잡힌 쪽 팔로 원을 그리며 상대의 팔 관절 꺾기

자신의 어깨를 잡은 치한의 손을 반대쪽 손으로 자신의 어깨 위에 밀착시킨다.

어깨 위에 치한의 손을 밀착시킨 후 반대쪽 팔을 뒤에서 앞으로 원을 그리듯이 크게 돌리면서 치한의 팔꿈치를 꺾는 동작으로 자신의 체중을 충분히 이용하여야 한다.

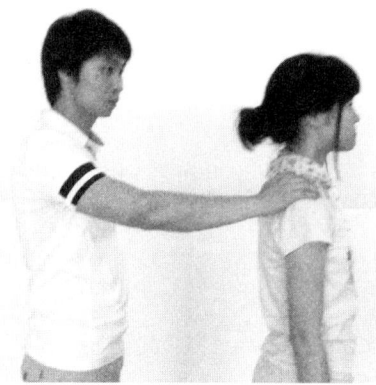
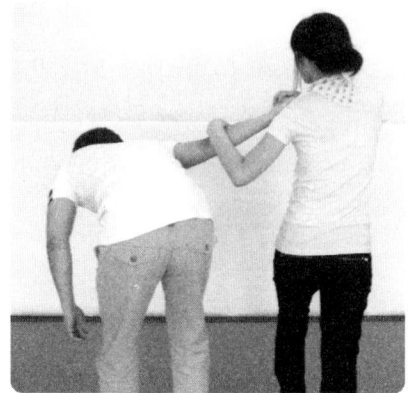

> ### ::자신의 안전 지키기
> ① 야간에는 문단속을 철저히 한다.
> ② 머리 위나 손이 닿는 부근에 헤어스프레이, 스프레이 살충제 등을 준비한다.
> ③ 야간 침입자가 있을 시 침입 목적을 빨리 파악한 후 침입자를 안정시키고 다음 처리 방법 및 행동을 준비한다.
> ④ 금품만 요구할 때는 내어주면서 시간과 대처 방법을 생각한다.

◎ 치한이 앞머리를 잡을 경우

치한이 정면에서 자신의 머리를 감싸 잡았을 때는 다음과 같이 대처한다.

우선 치한이 자신의 머리를 잡고 있기 때문에 거리를 조정해야 하는 어려움이 있다. 치한에게 머리를 잡히면 고개가 숙여지는데 이때 머리를 잡은 치한의 손을 두 손을 이용하여 내 머리에서 떼어내려고 하면 치한은 더욱더 본인의 손을 머리에 고정시키게 된다.

이럴 때는 오른발을 한 걸음 뒤로 빼면서 허리를 숙여 인사하듯이 왼쪽 무릎을 구부리면서 빠르게 앉으면 치한의 손목이 1차적으로 순식간에 꺾인다. 이 순간 동작을 멈추지 말고 빠르게 일어서면서 오른발로 치한의 얼굴 또는 낭심을 강타한다.

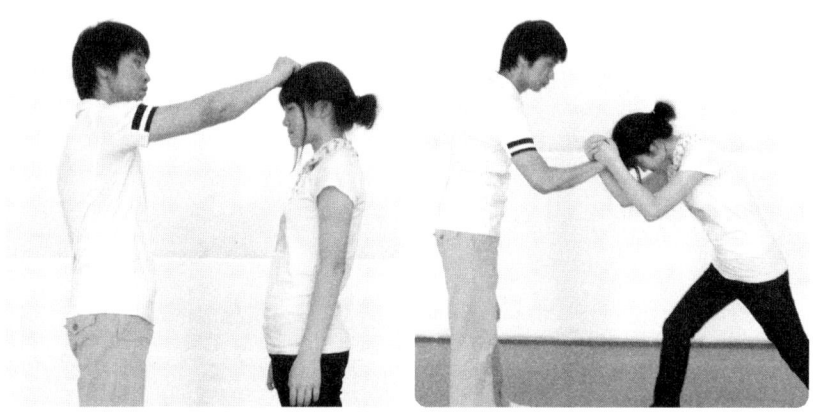

1 발차기로 낭심 공격하기

치한이 정면에서 머리를 감싸 잡았을 경우 우선 치한과 자신의 거리를 조정하여야 한다. 자신의 머리를 잡은 치한의 손을 머리에 고정시킨 후 발차기로 치한의 낭심을 공격한다.

놀이터에서 위협당할 경우

놀이터에서 치한에게 위협당하는 경우에는 당황하지 말고 땅 바닥에 모래가 있는지 확인하고 앉으면서 모래를 움켜잡고 치한의 얼굴에 힘있게 뿌린다. 눈에 모래가 들어간 치한은 어떠한 행동도 할 수 없으므로 이 순간 빨리 도망간다.

해수욕장에서 위협당할 경우

해수욕장에서 특히 야간에 위협을 당하는 일이 매스컴에 보도되는 일이 종종 있는데 그때는 다음과 같이 행동한다.

해수욕장에서 야간에 위협을 당하는 경우 도움을 청해도 많은 사람들이 모르는 척하거나 관심이 없기 때문에 사고가 많다. 누구의 도움도 받을 수 없고 위험하다고 생각되면 빨리 바닥의 모래를 치한의 얼굴에 뿌리고 자리를 떠난다.

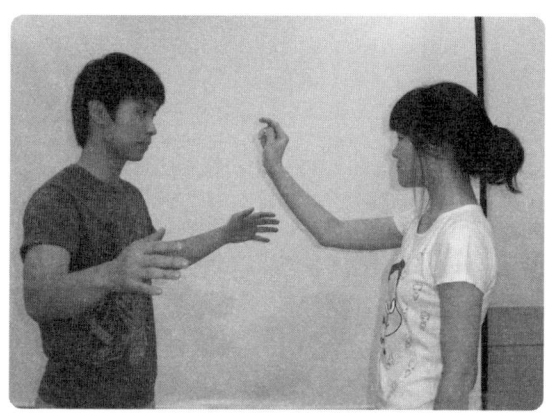

성폭력의 유형과 예방

3부

① 성폭력의 정의 및 개념

우리나라 성폭력 범죄율이 세계 2~3위라는 충격적인 발표는 현재의 우리사회에서 성폭력이 더 이상 몇 명의 운이 없는 여성들이 재수 없게 당하는 문제가 아니라는 것을 매스컴에 발표되는 것을 보아도 알 수 있다. 여성 단체나 모임에서 밝히는 여성 스트레스 원인 1위 역시 성폭력이다. 94%의 여성이 자유로운 삶을 살아가는 데 위협을 느끼는데 가장 큰 위협 요소를 꼽으라고 하면 그 첫 번째로 성폭력을 꼽았다. 이렇게 여성들은 성폭력의 공포에서 자유롭지 못한 채 자신도 언젠가는 그 대상이 될 수 있다는 불안감 속에서 생활하고 있다.

더욱 놀라운 것은 성폭력 범죄의 양상이 성인 여성만이 아닌 남자 어린이를 포함한 어린이 성폭행, 직장 내 성희롱, 강도 강간, 강요된 매매춘 등 다양해지고 있으며 점점 연소화, 흉포화가 되어가고 있다는 현실이다. 서울시경찰청 보고에 의하면 최근 1년간 성과 관련된 범죄자를 보면 36% 이상이 청소년이다.

성폭력 범죄의 일반적 특성으로는 성적인 형태를 띠고 있고 대부분이 어린이와 여성을 대상으로 하며 피해 수준은 97% 이상을 차지한다는 것이다. 또한 성폭력은 피해 당사자는 물론 가족이나 친지 심지어는 대부분 여성을 포함한 우리나라 사회 구성원 전체에게 공포와 위협으로 다가와 개개인의 활동을 위축시키는 것은 물론 사회적인 파급 효과 역시 심각하게 평가해야 한다는 점이다.

성폭력의 범위와 대상은 강간, 윤간, 강도 강간뿐만 아니라 성추행, 언어적 희롱, 음란 전화, 성기 노출, 어린이 성추행, 아내 강간 등 상대방의 의사에 관계없이 가해지는 성적 행위로 모든 신체적·언어적·정신적·폭력을 포함하는 광범위한 개념일 수 있다.

성폭력 피해자들이 당하는 정신적·신체적 고통은 결코 개인의 고통일 수 없다. 더 이상 피해자 개인의 불운이나 불행으로만 치부해서는 안 된다. 성폭력에 대한 막연한 불안감을 떨치지 못하고 조심하라는 소극적인 방법만 고수할 것이 아니라 보다 자유롭고 인간적인 삶을 위한 실태를 파악하고 문제의 본질을 이해하여 해결책을 찾아야 할 것이다.

성폭력의 정의

성폭력에 대한 정의를 알아보면 여성에 대한 제반 폭력(Gender Violence, Violence Againts Women)과 성(Sexuality)을 매개로 한 폭력(Sexual Violence) 즉 상대방의 의사에 반하여 육체적·심리적·경제적 압력을 가하여 행하는 행위를 말한다. 상대방이 성결정적 능력이 없거나 의사표현 능력이 없는 것을 이용하여 행하는 성 행위도 포함된다. 예를 들면 어린이, 장애인 등을 대상으로 한 성폭력도 여기에 포함된다.

성폭력의 개념을 명확하게 규정을 짓는 것은 매우 어려운 일이라고 할 수 있다. 각 개인의 성에 대한 가치관에 따라서 혹은 폭력에 관한 인식에 따라 달라지기 때문이다.

현행 성폭력특별법에 따르면 성폭력을 '정조에 관한 죄, 혹은 풍속에 관한 죄'로 다루고 있어 기존의 인식을 대변하고 있다. 성폭력특별법에 따르면 성폭력을 상대방의 동의 없이 강제적으로 성행위를 하거나 성적 행위를 하도록 강요, 위압한 행위로 정의하고 있다. 따라서 강간뿐 아니라 추행, 성희롱, 성기 노출 등 성을 매개로 인간에게 가하는 모든 신체적·언어적·정신적 폭력을 포괄한다.

다른 의미에서의 Sexual Harrassment라는 영어의 의미를 번역한다면 '성적으로 괴롭힘, 위험 부과, 귀찮게 굶, 성적으로 지긋지긋하게 굶'인데 실제 내용은 그 이상의 정치적 의미를 함축하고 있다. 상대방이 원하지 않는 성적 행위로 굴욕감 또는 혐오감을 주는 행위로서 원하지 않는 성적인 신체 접촉, 언어 사용, 성적 노출, 시각적인 매체를 통하여 상대방을 괴롭히는 것 등을 함축하고 있다. 즉 성적 자기 결정권을 침해한 성 행동의 결과로 파생되는 반사적 행위이다.

Sexual Harrassment는 1970년대 중반부터 '성적 강제'를 반대하는 미국의 여성운동단체나 여성 학자가 중심이 되어 채택, 발전시켜온 개념으로 현대 여성운동의 과정에서 의도적이고 집단적으로 만들어진 조어이다.

Sexual Harrassment라는 역사적·정치적 의의를 고려할 때 우리 사회에서 그것에 해당하는 개념으로 사용되고 있는 '성희롱'은 적절한 용어라고 보기 어렵다는 비판이 제기되기도 한다.

성희롱은 말 그대로 '성적으로 실없이 놀리는 것', '성적으로 장난삼아 놀리는 것' 등을 의미하고 있다. 이 용어의 뉘앙스 때문에 피해자가 느끼는 굴욕적인 정서를 제대로 반영하지 못하고 Sexual Harrassment에서 가장 핵심적인 권력의 개념을 담아내지 못한다고 보기 때문이다.

(1) 사전적 의미

성폭력은 성적 자기결정권을 침해하는 행위이다. 성적 자기결정권 침해란 성을 매개로 개인이 동의하지 않는 성적 행동과 요구 및 기타 성적인 성격을 띤 언어적·정신적·신체적 행위가 가해지는 것을 말한다. 또한 상대방의 그러한 행위가 개인의 업무수행능력을 저해하거나 위협적·적대적·공격적인 근무 환경(생활 및 교육)을 조성할 의도를 띠었거나 그 행위로 위와 같은 결과가 발생되었을 경우 성적 자기결정권 침해로 규정된다.

(2) 학문적정의

성을 소재로 상대의 인권을 침해하는 언행으로서 불필요하며 불쾌한 신체적 접촉, 용모에 대한 성적 언급이나 농담을 비롯하여 노골적인 성적 유혹과 성적 공격 행위를 말한다.

(3) 법률적 정의

업무 고용 기타 관계에서 공공기관의 종사자, 사용자, 근로자가 그 지위를 이용하거나 업무 등과 관련하여 '성적 언동' 등으로 성적 굴욕감 또는 혐오감을 느끼게 하거나 성적 언동, 기타 요구 등에 대한 불응을 이유로 고용상의 불이익을 주는 것을 말한다.

위의 내용을 근거로 하는 성폭력 행위의 구체적 사례는 다음과 같은 것이 있다.

① 성적 학대, 성적 갈취, 강간, 동의하지 않는 감금이나 신체적 제제
② 협박, 위협, 스토킹, 음성사서함이나 컴퓨터에 음란한 메시지를 남기는 일, 거부의사를 반복해서 무시하는 행위
③ 동의하지 않는 신체적 접촉이나 키스
④ 신체적 장애나 외모를 이유로 지속적으로 모욕을 가하는 일
⑤ 기타 성적이거나 본질적으로 성에 기초한 행위 또는 발언
⑥ 동의하지 않는 성적 행동에 대한 복종 또는 거부가 개인의 학업 평가, 교육, 인사, 학교일에 대한 참여의 조건 등에 영향을 미치는 것
⑦ 동의하지 않는 성적 행동이 개인의 능력을 비합리적으로 저해하거나 위협적이고 모욕적인 학업, 근로, 생활 분위기를 조성하는 것

성폭력의 개념

성폭력의 개념은 현대 문명사회의 급가속적인 발달에 따라서 그동안 제한되거나 사회 일부의 부정 행위 정도로 취급이 되어오다가 1980년대 후반에 와서 본격적으로 여성 학자나 여성 운동가를 중심으로 여성의 인권 의식과 주권을 찾는 현실 속에서 공식화되면서 공고되기 시작하였다.

1980년대 들어 범법 행위 중 여성을 상대로 한 사건사고 중에서 가

장 빠르게 급증한 강간이 중요한 사회 문제로 부각되면서 성폭력은 성차별주의 사회에서 나타나는 여성 억압의 단적인 징후로 비판되는 한편, 여성 운동의 중요한 이론적, 실천적 해결 문제로 등장하기 시작하였다.

또한 성폭력은 피해자가 자신의 신분이 드러나고 추후에 나타나는 자신의 미래에 대한 두려움 때문에 피해 사실을 밝히기를 두려워하거나 숨기는 경향이 있어서 정확한 실태를 파악하기가 매우 어려운 실정이다. 피해 여성이 모든 것을 감수하고 범법자 처벌을 원한다고 신고를 해야 어느 정도 실태를 추정해 볼 수 있다.

성폭력은 실태가 심각하지만 실상은 제대로 알려져 있지 않고 오히려 성폭력에 대한 오해와 그릇된 통념들이 만연되어 있다. 그릇된 통념들 중에서 대표적인 몇 가지를 알아 보자.

'강간은 정숙하지 못한 여성들의 옷차림이나 행동 때문에 일어난다, 남성은 순간적인 성 충동을 억제할 수 없어 강간한다, 어두운 골목길에서 낯선 사람에 의해 무자비한 폭력을 동반해서 일어난 것만이 진짜 강간이다, 여자가 끝까지 저항하면 강간은 일어날 수 없다.'

이렇게 간단하고 단순하게 모든 것을 여성의 잘못과 부도덕한 행위로 일어난다고 하는 생각들이 바로 그것이다. 그러나 국내외 연구 결과들은 대부분의 강간 통념이 실제가 아닌 허구에 지나지 않음을 밝혀주고 있을 뿐 아니라, 가해 남성의 행위를 정당화하고 오히려 피해 여성을 비난하는 성차별적 사고를 반영하고 있음을 비판하고 있다.

성범죄란 성과 관련되어 발생하는 범죄이다. 형법상 규정된 성 관련 범죄를 비롯하여 성폭력범죄의처벌및피해자보호등에관한법률, 아동복지법, 풍속영업의규제에관한법률, 윤락행위등의방지법, 경범죄처벌법등특별법상 규정된 성 관련 범죄 일체를 포함하는 것으로 부녀의 신체 완전성과 성적 자기결정의 자유를 침해하는 범죄를 말한다.

성범죄의 대표적 유형인 성폭력의 개념에 대해 살펴보자.

성폭력은 성범죄를 하기 위하여 폭행, 협박, 전화, 컴퓨터 등을 이용하여 성적 수치심을 고지하거나 음란한 언어, 영상 등을 송부함으로써 성적 수치심을 유발하게 하는 등 개인의 성적 자유 내지 애정의 자유를 침해하는 행위를 말하며, 여성에게 가해지는 모든 신체적 · 언어적 · 정신적 폭력을 포괄하는 개념이다. 따라서 성폭력에 대한 막연한 불안감이나 공포뿐만 아니라 그것으로 인한 행동 제약도 간접적인 성폭력이라고 할 수 있다.

성폭력에 대한 개념은 크게 법적인 개념과 여성학적인 개념으로 나누어진다. 우리나라의 현행법은 성폭력 전체에 대한 개념의 규정을 별도로 두지 않고 성폭력의 유형들을 각각 분리하여 규정하였다. 이에는 다음과 같은 범죄가 포함되어 있다.

---

① 형법
② 아동복지법
③ 경범죄처벌법
④ 특정범죄가중처벌법 등에 관하여 법률에 명시된 강간, 강제추행, 인신 매매, 음란물 제조판매, 음란 행위, 아내 구타, 아동 학대, 성기 노출 등 서로 다른 여러 가지 형태의 성폭력 범죄

그러나 이러한 개념은 성폭력 형태에 대해서 정도의 차이를 전혀 고려하지 않고, 성에 관한 대부분의 범죄를 획일적으로 설정하여 성폭력 범죄로 일원화하고 있으며, 그 행위가 죄에 성립되는지 여부만을 따지는 질적인 접근만을 할 뿐이어서 규정되지 않은 수많은 성폭력 피해자들이 법의 보호를 받지 못하고 있는 문제점이 있다. 때문에 여성학계에서는 이러한 성폭력의 법적 개념이 모호한 것에 대해 문제를 제기하고 있으며, 성폭력의 개념을 법적 개념에서 규정된 성폭력의 유형 외에 음란 전화, 성적 희롱, 욕설, 가벼운 추행, 그리고 남성이 여성을 통제하기 위해 하는 그 밖의 행위들과 아내 강간 등도 범주에 넣고 여러 형태의 성폭력을 서로 연결하여 파악해야 한다고 주장하고 있다.

성폭력이란 강간뿐만 아니라 원치 않는 신체적 접촉, 음란 전화, 인터넷 등을 통해서 접하게 되는 불쾌한 언어, 추근댐, 음란한 눈빛으로 바라보는 것 등 상대의 의사에 반해 성적으로 가해지는 모든 신체적·언어적·정신적 폭력을 말한다. 또한 성폭력에 대한 막연한 불안감이나 공포, 그리고 그것으로 인한 행동 제약도 간접적인 성폭력에 해당한다.

1 성폭력은

강간은 물론, 성적 희롱, 성추행, 성기 노출, 강도 강간, 음란 전화, 음란 통신 등 성을 매개로 하여 가해지는 모든 신체적·정신적·언어적 폭력을 말한다. 즉, 상대방의 의사에 반하여 행한 성적인 신체 접촉, 성기 노출, 성적 농담 등도 성폭력에 포함된다.

2 형법 제297조에 명시된 강간죄의 구성 요건을 보면

'상대방의 반항을 불능케 하고 상대방을 현저히 곤란케 할 수 있는 폭행 또는 협박으로 부녀자를 간음하는 것'으로 되어 있다.

3 강간의 법적 정의는

여성의 동의 없이 여성의 성기에 남성의 성기를 삽입하는 특정 성 접근 행위로 규정된다.

4 성폭력 특별법에서의 성폭력 범죄는

형법 제22장 성 풍속에 관한 죄(음행 매개, 음화 등의 제조 등 공연 음란), 형법 제31장 약취와 유인의 죄 중 추행 또는 간음을 목적으로 하거나 취업에 사용할 목적으로 범한 죄(영리 등을 위한 약취, 유인, 매매 등과 이의 수수 및 은닉, 상습범), 형법 제32장 강간과 추행의 죄(강간, 강제추행, 준강간, 준강제추행 미수범, 강간 등 상해 치사, 강간 등 살인 치사, 미성년자 등에 대한 간음, 업무상 위력 등에 의한 간음, 미성년자에 대한 간음, 추행), 형법 제339조 강도 강간의 죄, 성폭력 특별법 제5조, 특수강도 강간과 제14조 통신 매체 이용 음란의 죄 등이다.

● 법에서의 성폭력 개념

성폭력에 대한 일반적인 개념은 '상대방의 동의 없이 – 의사에 반(反)하여 – 강제적으로 성과 관련된 폭력을 행사하는 것'을 말한다. 따라서 강간뿐만 아니라 추행, 성 희롱, 성기 노출 등 성을 매개로 인간에게 가해지는 모든 신체적·언어적·정신적 폭력을 포괄한다.

여기서 '상대방의 의사에 반한다' 함은 원치 않거나 거부하는 행위에 대해 상대방에게 계속하거나 강요한다는 말이다. 그러므로 상대방으로 하여금 성폭력에 대한 막연한 불안감이나 공포감을 조성할 뿐만 아니라 그것으로 인한 행동 제약을 유발시키는 것도 간접적인 성폭행이라 할 수 있다.

그러므로 법적 개념은 각각의 성폭력 행위 등을 분리된 것으로 보고 있다. 각각의 행위가 성립되었는가 여부만을 중심으로 보고 있기 때문에 강간의 법적 정의가 '여성의 동의 없이 여성의 성기에 남성의 성기를 삽입하는 행위'로 규정되어 있다는 것이다. 그러므로 피해자의 저항이나 동의 여부, 성기의 삽입 여부만을 따지게 되는 부작용이 있다. 성폭력은 여성에게 가해진 정신적·육체적으로 가장 가혹한 폭력일 뿐이다.

성폭력에 대한 법적인 개념에서 행위를 구분하면 다음과 같은 것이 있다.

① 강간
남성이 상대방의 반항을 불능케 하고 상대방을 현저히 곤란케 할 수 있는 폭행과 협박으로 부녀를 간음하는 것을 말한다.
13세 미만의 부녀를 간음했을 때는 폭력을 수단으로 하지 않았어도 강간죄가 성립한다. 강간죄는 최고 죄로서 범죄의 피해자 기타 법률이 정한 자의 고소, 고발이 있어야 공소가 가능하다(형법 297조, 305조, 306조).

② 특수강간
특정범죄가중처벌법상의 범죄로, 흉기를 휴대한 가해자나 2인 이상의 가해자가 강간죄나 강제추행죄, 준강간죄, 준강제추행죄를 범하거나 범하려 시도(미

수)하는 경우를 가리킨다.
피해자를 치사 혹은 치상한 경우 무기 또는 각각 10년, 7년 이상의 징역을 선고할 수 있다(성폭력특별법 제6조).

③ 강제추행

폭행, 협박으로 사람을 추행하여 개인의 성적 자기결정의 자유를 침해한 것을 말한다.
10년 이하의 징역 또는 1,500만 원 이하의 벌금에 처한다. 행위 객체는 남녀노소, 혼인 여부를 묻지 않으며 행위 주체는 남녀 모두가 될 수 있다(형법 298조).

④ 성희롱

직장 등에서 상대방의 의사에 반하는 성과 관련된 언동으로 불쾌하고 굴욕적인 느낌을 주거나 고용상의 불이익 등 유무형의 피해를 주는 행위를 가리킨다. 직접적인 신체 접촉뿐 아니라 음란한 농담이나 음담패설, 성적 관계를 강요하거나 회유하는 행위, 외설적인 사진이나 그림, 낙서, 출판물 등을 직접 보여주거나 통신 매체를 통해 보내는 행위 등도 포함된다.

우리나라는 성폭력을 범죄로 규정하고 성폭력특별법을 따로 제정하여 성폭력 가해자에 대한 처벌을 강화하고 있다. 그러나 성과 폭력을 따로 규정하여 어떤 사건을 성폭력이라고 할 것인가 하는 문제나 현실적으로 새로운 형태의 성폭력들이 계속 제기되고 있는 점 등을 감안하면 범죄를 넘어서 성폭력 개념을 살펴볼 필요가 있다. 여기서는 임상적인 관점과 법적인 접근, 페미니스트적 관점의 개념을 살펴보고자 한다.

🕐 신체적 피해의 정도에 관해 구분 짓는 개념

① 임상적 관점에서 Koss & Harvey는 강간을 성적 피해의 최종 지점으로 간주한다. 이들은 강간보다는 덜 극단적으로 강간과 다를 바 없다고 본다. 다시 말해서, 강간보다 덜 극단적인 성적 피해도 단지 삽입이 부재하였다는 것 외에는 다른 바가 없다는 것이다.

② 법적인 관점에서는, 현재 우리나라 성폭력특별법에는 성폭력의 개념을 따로 정의하지 않고 다음과 같이 형법에서 규정하고 있는 성폭력 범죄 유형 분류를 사용하고 있다(일부).

형법 제31조 약취와 유인의 죄 중 추행 또는 간음을 목적으로 하거나 취업에 사용할 목적으로 범한 죄
제288조 영리 등을 위한 약취, 유인, 매매 등
제292조 수수 및 은닉
제293조 상습범
제294조 상습범의 미수범의 죄

형법 제32장 강간과 추행의 죄 중에서
제297조 강간
제298조 강제추행
제299조 강간, 준강간, 준강간추행
제300조 미수범
제301조의 2항 강간 등 살인 치사
제302조 강간 등 상해, 치상
제302조 미성년자 등에 대한 간음
제303조 업무상 위력 등에 의한 간음

> 제305조 미성년자에 대한 간음, 추행의 죄
>
> **형법 제339조 강도, 강간의 죄**
> 성폭력특별법 제5조 특수강도 강간 내지 제14조 통신 매체 이용 음란의 죄

③ 페미니스트 관점에서 Bandura는 성폭력을 폭력, 증오 그리고 공격성의 행위라고 정의하고 있다.

② 성폭력이란

성폭력은 상대방의 의사에 반하여 육체적·심리적·경제적 압력을 가하여 행하는 성 행위를 말한다. 상대방이 성적 행위를 할지에 대한 결정 능력이 없거나 의사 표현 능력이 없는 것을 이용하여 행하는 성 행위도 포함된다(어린이, 장애인 등을 상대로 한 성폭력).

성폭력특별법에 따르면 성폭력을 '상대방의 동의 없이 강제적으로 성적 행위를 하거나 성적 행위를 하도록 강요, 위압한 행위'로 정의하고 있다. 성폭력의 범위는 성희롱, 성추행, 성기 노출, 강간 미수, 강간, 윤간, 강도 강간, 성적 가혹 행위, 아내 강간, 음란한 말이나 눈짓, 정신적인 학대 등 여성에게 가해지는 모든 신체적·언어적·정신적

폭력을 모두 포함한다.

따라서 성폭력에 대한 막연한 불안감이나 공포뿐만 아니라 그것으로 인한 행동 제약도 간접적인 성폭력에 들어간다. 성폭력은 조금 난폭한 성관계의 일종이 아니라 성을 매개로 한 폭력 행위인 것이다.

① 성폭력은 성희롱이나 성추행, 성폭행 등을 모두 포괄하는 개념으로 '성을 매개로 상대방의 의사에 반해 이뤄지는 모든 가해 행위'를 뜻한다.

성희롱은 남녀고용평등법과 남녀차별금지법에서 처음으로 명문화되었는데 이 규정에 따르면 '업무와 관련해 성적 언어나 행동 등으로 성적 굴욕감을 느끼게 하거나 성적 언동 등을 조건으로 고용상 불이익을 주는 행위'라고 정의하고 있다.

노동부는 이 법을 근거로 1999년 『성희롱 행위 예시집』을 내면서 음란한 농담이나 언사, 외모에 대한 성적인 비유나 평가, 원하지 않는 신체 접촉, 회식 야유회 자리에서 옆에 앉히거나 술을 따르도록 강요하는 행위 등을 성희롱으로 간주했다.

성폭행은 강간과 강간 미수를 의미한다. 강간은 '폭행 또는 협박을 가해 부녀와 교접 행위하는 것'을 말한다. 강간죄는 피해 대상을 부녀로 한정하고 있기 때문에 여자가 남자를 성폭행하는 것은 강간죄에 해당하지 않는다.

② 성폭력은 강간은 물론 성적 희롱, 성추행, 성기 노출, 강도 강간, 음란 전화, 음란 통신 등 성을 매개로 하여 가해지는 모든 신체적·정

신적·언어적 폭력을 말한다.

즉 상대방의 의사에 반하여 행한 성적인 신체 접촉, 성기 노출, 성적 농담 등도 성폭력에 포함된다.

③ 형법 제297조에 명시된 강간죄의 구성 요건을 보면, '상대방의 반항을 불능, 현저히 곤란케 할 수 있는 폭행 또는 협박으로 부녀를 간음' 한 것으로 되어 있다.

④ 강간의 법적 정의는 여성의 동의 없이 여성의 성기에 남성의 성기를 삽입하는 특정 성 접근 행위로 규정된다.

성폭력은 강간, 윤간, 강도 강간 뿐 아니라 성추행, 언어적 희롱, 음란 전화, 성기 노출, 어린이 성추행이 아닌 강간 등 상대방의 의사에 반하여 가하는 성적 행위로 모든 신체적·언어적·정신적 폭력을 포괄하는 광범위한 개념이다.

'상대방의 의사에 반한다' 함은 원치 않거나 거부하는 행위를 상대방에게 계속하거나 강요한다는 말이다. 따라서 상대방으로 하여금 성폭력에 대한 막연한 불안감이나 공포감을 조성할 뿐만 아니라 그것으로 행동 제약을 유발시키는 것도 간접적인 성폭력이라 할 수 있다.

③ 성폭력 범죄의 원인

1) 성차별적인 사회 구조

우리 사회의 구조를 살펴보면 머나먼 선조 때부터 전해져 내려오는 유교 사상을 기본으로 하여 예의범절을 중요시하는 교육을 받으면서 아들 선호 사상이 철저한 전통의 형태로 내려오는 과정에서 여성이나 어린이를 남성이나 어른보다 약하고 낮은 존재라 여기고 생각하는 습성이 있다. 이러한 습성은 가정이나 직장, 학교 등 수많은 곳에서 여성·남성, 어린이·어른 간에 지배·복종의 위계 관계가 자연스럽고 당하다고 생각하기에 아무런 부담감 없이 자연적으로 발생한다.

이러한 환경 속에 있다 보니 자신보다 낮은 위치에 놓인 사람을 함부로 대해도 괜찮다는 잘못된 생각을 할 수도 있으며, 사회적 약자로 자연히 변해버린 여성들은 사회적 강자인 남성들의 성적 폭력에 쉽게 노출되어 있다고 말할 수 있다.

이렇듯 성차별적인 사회 분위기는 남성의 성폭력을 방관하고 허용할 뿐만 아니라 부추기기까지 하며, 성폭력을 한 가해자에게 면죄부를 주기까지 한다.

2) 왜곡된 성문화

우리 사회에는 여성과 남성의 성에 대한 태도를 서로 다른 잣대로 남성에게 편하고 유리하게 평가한다. 더군다나 여성에 관해서는 어디에서나 불리하고 불합리한 편견을 가지고 평가하다보니 여성은 성에 무지하고 소극적이어야 하지만 남성은 성에 적극적이고 과장된 표현을 해도 괜찮다는 남성 위주의 편리하고 편파적인 생각을 하는 것이 현실이다. 이러한 남성 편위 위주의 문화 속에서는 여성과 남성이 성에 대해 원활한 의사소통을 할 수가 없다.

성폭력이라는 극심한 위기 상황에서 이성이 '싫다'거나 '안 된다'고 해도 이를 긍정적인 대답의 완곡한 표현으로 받아들여 성폭력을 행하는 남성들이 생겨나는 것이다.

그러한 사상이 머릿속에 각인되면서 그것을 부추기는 향락, 퇴폐 문화는 더욱더 발달하고 건전한 성관계보다 여성을 성적 대상, 성폭력의 대상으로 만들어가는 과정이라고 표현해도 과장된 것이 아니다.

3) 의사소통의 불일치

우리 사회에는 여성과 남성의 성에 대한 생각과 태도를 서로 다른 시각적 잣대로 평가한다. 이미 앞에서도 말했지만 여성은 성에 무지하고 소극적이어야 하지만, 남성은 성에 적극적이고 과장된 표현을 해도 괜찮다고(혹은 그래야 더 '남성답다'고) 생각한다. 이러한 문화 속에서는 여성과 남성이 성에 대하여 자유롭고 원활한 의사소통을 할 수가 없다.

사회적으로 여성의 편파적인 생각과 잘못된 성 인식 때문에 성폭력이라는 극심한 위기 상황에서 여성이 '싫다' 거나 '안 된다' 고 강한 의사표현을 해도 남성은 이것을 긍정적인 대답으로 생각하고 성폭력을 행사한다. 여성의 의견을 존중한다면 결코 성폭력을 행하는 남성들은 생기지 않을 것이다.

4) 성교육의 부재

성교육은 자연스러운 환경 속에서 강압이 아닌 현장에서 해야 하는 현실 교육으로서 이성 문제를 건전하게 다루고 이해시켜야 하는데 현실은 그렇지 못하다. 가족이 함께 텔레비전을 보다가 조금만 야한 장면이 나오면 서로 얼굴을 붉히고 어른들은 괜히 쑥스러워하며 죄지은 것처럼 안절부절못하면서 자녀들의 얼굴을 쳐다보지도 못하고 채널을 돌리기에 여념이 없다. 학교에서 실시하는 성교육의 형태도 남녀의 신체 구조나 생리적 현상 등 생물학적인 성 지식을 전달하는 것만이 최고의 성교육인 것처럼 실행하고 있는 것이 현실이다.

이런 현실 속에서는 성에 대한 가치나 성적 행동에 대해 생각하고 고민해보는 열린 교육이 이루어질 수 없다. 제대로 된 성교육 대신 포르노 비디오나 잡지 등에서 보여주는 과장되고 가학적인 성적 표현과 또래 집단 사이의 잘못된 성 지식을 여과 없이 받아들인 많은 청소년들이 죄의식조차 느끼지 못한 채 성폭력을 저지르는 크나큰 실수를 하는 것이 오늘날 우리 주변에서 일어나는 현실이다.

이제는 국가적인 차원에서 성교육 전담 교사를 배치하여 올바르고 질 높은 성교육을 추구하면서 성에 관한 가치관을 높이는 교육을 해야 할 시기가 되었다.

5) 성폭력에 대한 사법계의 인식 부족

성폭력 사건은 여성 전문 수사관이 여성의 입장에서 사건을 바라보고 처리하여야 하는데 여성 전문 수사관들이 적다보니 대부분 남성 수사관들이 수사를 하고 있다. 그러다보니 사건을 여성의 입장에서 바라보는 것이 아니라 남성의 입장에서 수사하게 되므로 여성 가해자들은 자신이 마치 죄인 취급을 받는 느낌을 받게 된다.

사법계에는 여전히 성폭력에 대한 잘못된 통념을 수용하고 있어서 수사 과정에서 일차적으로는 경찰의 의식 구조 때문에 피해를 보고 경찰을 떠나 검찰로 송치되는 여성들이 많다. 그러나 검찰에서 주는 이차적 피해로 많은 여성 피해자들이 고소를 아예 하지 못하거나 고소를 해놓고도 취하하는 경우가 많다.

결국 이러한 사법계의 인식 부족으로 피해자들이 피해 사실을 은폐하거나 법정 과정을 포기하게 되고, 이에 따라 가해자는 더욱더 자신이 저지른 범죄를 정당화하며 오히려 여성의 잘못으로 몰아간다. 이런 현실 상황에서 범법자는 아무런 처벌도 받지 않게 된다.

처벌을 받고 죄 의식을 느끼면서 다시는 범법 행위를 하지 않아야 한다고 반성하여야 하는 시간에 법의 잘못된 판단으로 성폭력이 정당화되고 당연시된다면 더 많은 성폭력 가해자들이 늘어날 수밖에 없다.

6) 이중적 성 윤리

① 남성 중심의 가부장제
② 성차별적 고정관념
③ 남성은 선천적으로 성욕을 억제하기 어렵다는 편견

7) 향락, 폭력 문화의 발달

물질 만능주의와 성차별주의를 바탕으로 성 산업 발달
① 성의 도구화
② 성의 상품화

8) 성교육의 부재

여성에게는 순결 교육만을 강조하고, 남성에게 성병 교육에 치중해서 실시되고 있다. 이러한 현실에서는 전인적인 성교육이 진행될 수 없다.

특히 많은 사람들이 성에 대한 정보를 음란 비디오나 잡지, 영화, 만화, TV 등의 대중매체를 통해 얻고 있어서 성에 대해 왜곡된 지식을 갖게 되고 이것이 정상적인 것으로 착각하고 고정관념으로 머릿속에 인식될 수 있다.

9) 성차별적인 고정관념

우리 사회에 뿌리 깊이 남아 있는 남아 선호 사상은 성장 과정과 가정교육 일부에서 성차별적인 사고를 갖게 한다. 따라서 여성을 한 인격체로 보기보다는 성 상품화하거나 성적 노예화하는 왜곡된 여성상을 갖게 된다.

10) 제대로 된 성 윤리교육의 부재

우리나의 성교육은 전인적인 성 윤리 교육이기보다는 여성과 남성의 신체 구조와 기능에 관한 것이 주요 내용을 이루고 있다.

여성에게는 순결 교육을, 남성에게는 성병 예방에 관한 교육을 중점적으로 하고 있으며, 지극히 원론적이고 교훈적인 덕목이나 윤리 규범 교육에 머물고 있다. 이러한 교육이 해결해주지 못하는 성에 관한 정보를 음란 비디오나 잡지, 영화, 만화, TV 등의 대중매체를 통해 얻고 있다 보니 성에 대해 왜곡된 생각과 잘못된 성 지식을 가지게 된다.

11) 향락 · 폭력 문화의 범람

물질 만능주의와 성차별주의를 바탕으로 성 산업이 발달하면서 쾌락적 성의 대중화를 통해 여성의 성과 육체를 여가와 오락을 위한 소비 상품으로 전락시키고 있다. 또 보다 큰 자극을 찾아서 폭력을 지향하는 분위기가 만들어지면서 유아기에서 청소년기를 거치는 동안 눈에 보이는 현실이 잠시 받는 성교육보다 더 빨리 머릿속에 인식되고 있다. 그것을 정상적인 것으로 인식하고 게다가 대중매체는 시장성을 찾아 더욱더 자극적이고 야한 프로그램을 생산하고 있다.

TV 드라마, 광고, 쇼 등에서는 선정적인 문구와 함께 노출, 암시적 성 묘사, 폭력 장면 등을 서슴지 않고 방영하고 있어 신성하고 고귀한 성을 상품화 또는 폭력화하고 있다. 이러한 모든 것이 향락과 폭력 문화를 범람하게 만드는 원인이다.

④ 성폭력의 유형

1) 어린이 성폭력

 법에서 기준을 잡고 처벌하는 어린이 성폭력이란 만 13세 미만의 어린이에게 가해지는 성폭력의 모든 행위를 포함하는 말이다. 또 다른 말로 표현하면 '아동 성 학대(Child Sexual Abuse)라는 전문 용어로 정의되기도 한다.

 어린이 성폭력의 약 80%는 아는 사람에 의해서 발생한다. 아는 사람이란 두 부류로 나눌 수 있다. 그 첫 번째는 친부, 의부, 삼촌, 이모부, 할아버지 등과 같은 혈족 혹은 친인척을 말하고, 두 번째는 교사나 교직원, 유치원 원장, 통학 버스 기사, 이웃 사람, 아파트 경비 등 일상생활에서 접촉하기 쉬운 사람들 즉 평소에 안면이 있거나 친분이 있는 사람을 말한다.

 많은 가해자들이 자신의 성폭력 사실을 비밀로 지키라고 아이에게 회유를 하거나 아니면 말을 하면 죽여버린다고 한다. 또는 너를 알고 있는 모든 사람들에게 다 알려준다고 하며 심리적 불안감을 이용하여 과장된 공갈, 협박으로 피해자 스스로 사실 공개를 포기하게 유도한다.

 대부분 어린이들은 자신이 당한 피해가 성폭력이라는 것을 곧바로 인식하지 못하고 부모에게 혼이 나는 과정을 생각하면서 혼자서 고통을 참고 고민한다. 뒤늦게 아이의 불안한 행동이 표시가 나거나 고통을 호소하면 부모는 그때서야 성폭력 사건을 발견하곤 한다. 많은 경우 아이를 설득하고 범죄 사실을 알아내기까지 많은 시간을 소비하고 나서야 경찰에 신고를 하게 되므로 법적인 절차를 이어가는 과정에 너무나 많은 어려움을 겪게 된다.

이러한 까닭에 어린이 성폭력은 금방 드러나지 않는 경우가 많으므로 어린이가 공포심을 갖는다거나, 혼자 자는 것을 두려워한다거나, 성기 등에 통증을 느낀다거나 하는 일이 생기면 주의 깊게 관찰하고 성폭력 피해가 있는 것은 아닌지 꼭 의심해 보아야 한다.

2) 청소년 성폭력

청소년 성폭력이란 법에서 기준을 잡고 처벌을 하는 만 13세 이상 19세 이하의 청소년에게 발생하는 성폭력을 의미한다.

1996년 13세 소녀가 14세의 이웃 학생들에게 성폭력을 당해 자살 기도를 한 사건을 비롯하여 중학교 3학년 학생이 성폭력을 당한 후 교실에서 출산한 사건, 중학교 교장 선생님이 여학생을 성추행하는 등 사회적으로 파문을 일으켰던 사건들이 언론에 보도되면서 성범죄 대상이 성인이 아닌 어린이나 청소년으로 이어지는 심각한 사회 문제로 대두되었다.

청소년 성폭력의 경우 어린이나 성인의 성폭력 피해에 비해 윤간이나 강도 강간 등 특수강간의 비율이 높다. 또한 남성 피해자도 상당수 있는 것으로 조사되고 있다. 이는 청소년들이 학교 폭력배나 불량배 등의 집단 폭행, 강도, 흉기 사용, 침입 등의 주요 표적이 되고 있기 때문이다.

또한 다른 연령층과 비교하여 친족 내의 피해, 선배나 동급생에 의한 피해, 교사나 강사 등에 의한 피해의 비율이 높게 나타나고 있다.

어린이 성폭력은 폭력 사용 여부, 동의 여부, 저항 여부와 무관하게 범죄로 취급되어 엄한 처벌을 받지만 청소년 성폭력의 경우 때때로 동의된 성관계로 오인받기도 하고, 피해자에 대한 비난 여론이 형성되기도 한다. 이는 현재 청소년들이 성에 대해 개방적이고 자발적이며, 어느 정도 판단 능력과 방어 능력이 있다는 이중적 통념이 있기 때문이다.

3) 남성 성폭력

대부분 성폭력 가해는 남성이 여성에게, 상급자가 하급자에게, 연장자가 연하에게 가하는 등 지배적 권력 구조와 깊은 관련을 맺고 있기 때문에 동성 간에는 성폭력이 일어나지 않을 것이라고 생각한다.

성폭력이냐, 아니냐를 판단하는 기준은 상대방의 의사에 반했는지 여부이지 성별과 성 정체성이 아니라는 사실을 먼저 이해해야 한다. 성별과 성 정체성은 구체적으로 사건을 이해하고 지원하는 데 도움을 주지만 성폭력 여부를 판단하는 기준이 되지는 않는다.

피해자가 동성애자이고 그것을 빌미로 가해자가 협박할 경우 피해자는 경찰이나 가족의 도움을 요청하기가 더욱 어려워진다. 일례로 남성에서 여성으로 성전환 수술을 한 사람이 강간을 당했지만 폭행 등의 혐의만 인정된 판례가 있는 등 성 소수자에 대한 강간 피해를 인정하는 규정이 마련되어 있지 않아 피해 구제가 더욱 어렵다.

4) 장애인 성폭력

피해자가 장애인인 경우 피해 당시 저항할 수 있는 정도가 제한되어 있고 상대적으로 더 취약한 위치에 놓여 있기 때문에 현행법으로 더 엄중히 처벌하도록 되어 있다.

그러나 최근 들어 1, 2급 정신지체 장애인의 경우에 저항하지 않았다는 이유로 가해자에게 무죄 판결을 선고한 판례가 있는 등 장애인에 대한 사회적 이해는 매우 미약하다.

신체적 지적 장애인은 정신지체라는 조건만으로도 항거 불능의 상태에 있다고 간주해야 하는데도 소위 '정상성'의 기준에서 판단하고 있다.

장애인은 흔히 성별과 성욕이 없는 존재로 인식되는 경향이 있기도 한다. 그러나 장애인 역시 성적 자기 결정권이 있으며, 이를 존중하기 위해서는 다양한 몸의 차이를 인정해야 할 것이다.

5) 데이트 성폭력

데이트 성폭력이란 데이트 중 상대의 명백한 동의가 없는 상태에서 한쪽의 일방적인 강요에 의해 일어나는 것이다. 가해자와 피해자가 이것을 성폭력으로 인식하지 못하고 윤리적인 잘못(혹은 난폭한 성관계)으로 간주하는 경우가 많아 데이트 강간이더라도 고소하는 경우는 많지 않다.

그러나 간혹 고소를 하는 경우 가해자가 자신의 성폭력을 동의된 성관계라고 주장하면서 피해자를 무고죄나 명예훼손죄로 맞고소하는 일도 있다.

6) 친족 성폭력

친족 성폭력은 가족이나 친척에게 피해를 입어 배신감과 상실감이 크지만 주변에 알려 도움을 받는 것이 어려워 피해가 지속되는 경우가 많다.

특성상 피해 사실을 알게 된 가족이나 친척 등이 충격과 혼란으로 사실을 믿으려 하지 않거나 회피하고 거부하는 경우가 많다. 주위 사람들은 분노하거나 두려워하기도 하고 피해자를 도와주거나 보호하지 못했다는 죄책감에 시달리기도 한다. 그러나 이런 감정들은 피해자와의 관계에 부정적인 영향을 주고 피해자를 이해하는 데 방해가 되어 있으며, 피해자의 치유를 지연시킬 수 있다.

따라서 주위 사람들은 피해자가 가장 필요로 하는 것이 무엇인지 파악하고, 피해자의 이야기를 열심히 듣고, 피해를 극복할 수 있을 것이라는 믿음을 주어야 한다.

가해자와 피해자에 대한 감정이 엇갈려 혼란스럽더라도 주위 상황이나 가정 형편에 따라 가해 행위를 축소하거나 합리화해서는 안 되며, 잘못은 가해자에게 있는 것임을 확신해야 할 것이다.

7) 직장 내 성폭력

직장 내 성폭력 혹은 성희롱의 경우 가해자가 피해자보다 높은 위치에서 많은 권력을 가지고 있어 어려움을 겪는 경우가 많다. 그러나 가해자보다 위치가 낮고 권력이 적다고 해서 성폭력이나 성희롱을 당해야 할 이유는 전혀 없다.

자신이 이러한 어려움에 대하여 도움받을 권리가 있음을 기억하고,

신뢰할만한 주변인이나 성폭력 전문 상담소을 찾아 심리적인 지지와 적절한 지원을 받아야 할 것이다.

8) 사이버 성폭력

사이버 성폭력이란 웹에서 이루어진다. 보통 동의하지 않은 스팸성 음란 메일을 보내 사이버 환경을 성차별적으로 만드는 환경형 성희롱, 컴퓨터 섹스 혹은 번개 섹스를 요구하는 사이버 스토킹, 개인 신상 정보를 동의 없이 게시하는 명예훼손 등이 자주 발생하는 사이버 성폭력이다.

정보통신윤리위원회가 운영하고 경찰청이 지원하는 사이버 명예훼손, 성폭력 분쟁조정센터에 접수된 상담은 최근 3년간 폭발적으로 증가하고 있다. 특히 이 중에서도 명예훼손 상담 의뢰 건수는 매우 빠른 속도로 증가하고 있는 상황이다.

9) 대학 내 성폭력

대학 내 성폭력이란 대학이라는 공간에서 학생과 학생 간, 교수와 학생 간 발생하는 성폭력을 비롯하여 환경형 성희롱 등 성폭력적 대학 문화를 모두 포함하는 개념으로 쓰인다.

대학 내 성폭력은 피해자와 가해자의 관계와 가해자의 학내 지위, 권한에 따라 교수 성폭력, 운동권 내 성폭력, 데이트 성폭력, 교직원 간의 직장 내 성희롱 등 다양한 유형의 성폭력이 있을 수 있다.

그런데도 대학 내 성폭력이라고 따로 유형화하는 이유는 대학 내 여성 운동가들의 노력으로 대부분 대학에서 반성폭력 학칙 등이 제정되었기 때문이다. 대학 내 성폭력 사건이 일어나면 가해자가 교수 혹은 학생회의 지도적 위치 등을 가지고 있는 공인 신분일 때 가해자의 실명을 공개하고 자치 규약으로 징계에 관한 지원위원회를 구성하는 등 다양한 방식의 해결을 모색할 수 있다.

10) 스토킹 피해

스토킹은 지금까지는 낭만적 구애 행위의 일종으로 취급되어 왔으나, 스토킹으로 인한 납치, 살인 등의 사건이 일어나면서 이에 대한 사회적 인식도 변화되고 있다.

스토킹은 보통 상대방이 원치 않는데도 지속적으로 만남을 요구하거나 따라다니며 행적을 좇거나 통신 수단을 이용하여 일방적인 연락을 지속하는 등의 행위로 나타난다. 스토킹은 피해자의 사생활이 침해되는 것은 물론 일상생활도 영위하기 어려울 만큼 불안과 공포를 느끼게 하는 등 심각한 피해를 야기하는 범죄이다.

한국성폭력상담소가 발표한 '상담 통계'에 따르면, 성폭력 상담 건수 중 스토킹이 약 5% 가량을 차지하면서 증가하고 있다. 그 중 피해자와 가해자가 직장 동료인 경우가 가장 많았다. 가해자는 주로 사내 고위 간부, 피해자는 말단 직원이나 신입 사원이다. 가해자들이 '도와주겠다' 혹은 '좋아한다'는 말로 가장하는 경우가 많아 대부분 피해자는 스토킹인 줄도 모르고 당하게 된다.

한국성폭력상담소의 한 간사는 이에 대해 '부하 직원이 원치 않는데도 상사가 개인적인 애정을 계속 전달하는 것은 명백히 사내 스토킹'이라며, 일터에서 만난 동료에게 사적인 관심을 강요하는 것은 '여성의 노동권을 인정하지 않는 것과 같다'고 주장한다.

⑤ 성폭력 예방 방법

　남녀고용평등법은 남녀 간의 성차별 의식을 없애기 위하여 우선 직장 내에서 성희롱과 성폭력이 일어나지 않도록 예방 교육을 하도록 의무화하고 있고, 피해자를 보호하고 가해자를 처벌할 수 있도록 규정해 두고 있다. 뿐만 아니라 사업주에게도 성희롱 및 성폭력 예방을 위한 책임과 의무를 부여하고 있다.

　앞으로는 아동이나 청소년들이 생활하는 교내 환경에도 성차별 현상이나 성희롱과 성폭력 요인이 없는지 관심을 갖고 청소년과 학생을 대상으로 하는 성교육을 하여 성 행동에 대한 성적 주체성을 심어주는 것을 기본으로 한다. 또 남녀 학생 모두 자신이 행한 성 행동의 사회적 의미를 깨우치게 하고 서로 올바르게 대처하는 법을 가르침으로써 성희롱, 성폭력의 가해자나 피해자가 되지 않는 것을 목표로 삼아야 할 것이다.

1) 직장에서 남녀평등 문화 정착

　한국여성개발원(한정자 외, 2001)의 연구에 의하면 남녀평등 의식이 높은 사업장일수록 성희롱의 개념, 원인, 해결 방안, 결과 및 영향에 대해 정확한 인식을 하는 경향이 높은 것으로 나타났다. 또한 성희롱 발생이 낮아지고, 직장 내 성차별 관행에 대한 비판적인 인식이 높아지는 것으로 나타났다. 그리고 직장 내 성차별 관행이 높을수록 성희롱 발생 비율도 높게 나타났다.

결국 직장 내 성희롱을 없애기 위해서는 직장 내에서 남녀가 평등하게 일할 수 있는 문화를 만드는 것을 우선해야 한다.

2) 효과적이고 실질적인 성희롱 예방 교육 실시

1 성희롱 예방 교육 강화

직장 내 성희롱 예방 교육을 실시한 사업장에서 성희롱 발생이 감소한 것에서 알 수 있듯이 성희롱 예방 교육이 효과적일 수 있다는 결과가 나왔다. 그러나 교육 형태에서 보면 비디오 시청에 의한 교육 36.6%, 간부 직원에 의한 주의사항 공지 22.5%, 조회 시 훈시 19.2%, 외부 강사에 의한 교육 11.9%, 전자우편·사내 통신·교육자료 게시가 9.3%로 형식적인 수준에서 이루어지고 있다.

그러므로 직장 내 성희롱 예방 교육이 효과적으로 이루어질 수 있도록 기업 차원에서 또한 정책적 차원에서 구체적이고 현실적인 방안이 마련되어야 한다.

2 경영자에 대한 성희롱 예방 교육 실시

각급 기관의 최고 경영자들이 성희롱 금지에 대한 강력한 의지와 실천을 할 때 성희롱 발생이 감소하였다. 따라서 경영진에 대한 성희롱 예방 교육은 성희롱 없는 직장을 만드는 데 큰 역할을 할 것이다.

3) 직장 차원의 기구나 절차 마련

직장의 규모에 따라서 성희롱 문제를 전담하는 기구는 아니더라도 성희롱 문제가 있을 때 이를 처리할 수 있는 공식적인 절차가 마련되어야 한다. 그래야만 성희롱 피해자를 보다 잘 지원할 수 있을 것이다.

4) 가해자에 대한 처벌

성희롱 가해자에 대해서는 직장 차원의 제제 조치를 확실히 하여야 한다. 이는 성희롱이 명백한 인권 침해이며 성희롱을 했을 경우는 그에 준하는 벌을 받는다는 것을 알려 성희롱을 예방하는 효과를 가져올 수 있다. 그러므로 규제의 내용이 단순한 책임 추궁에 그쳐서는 안 되고 자성의 기회를 제공하는 정도가 되어야 한다.

5) 성희롱 및 성폭력 예방을 위한 학교의 노력

① 성희롱 및 성폭력 예방을 위한 학교 기반 조성을 위해서 학교는 우선 성폭력 실태와 후유증의 심각성에 대한 교사들의 인식과 교육적 대처 능력을 높이는 데 노력해야 한다.
② 학교와 가정에서 발생할 수 있는 성희롱과 성폭력의 형태는 교사의 아동성희롱 예방 방지 교육 또는 재혼 가정에서 새 아버지에 의한 딸의 성추행 예방법 등을 말하며 피해자 발견 즉시 법적인 후속 조치를 해야 한다.
③ 성폭력 예방법 그리고 대처 상식과 호신술을 이용하고 사후 조치를 철저히 하여야 한다.

④ 성폭행 가해자가 법적인 처벌을 받은 후에 또 다른 피해자가 발생하지 않기 위하여 정신적으로 도울 수 있는 방법에 대해 교육의 가치성을 인정하여 일정 기간 교육을 이수시키는 방법이 있어야 한다.
⑤ 상담 교사, 양호 교사, 성교육 연수 및 여성부 위촉 성교육 교사들을 중심으로 구성된 성폭력 전담팀을 둔다.
⑥ 성폭력 관련 법률과 남녀차별 금지 법률을 어떻게 교내에 적용할 것인지 구체적 정책을 수립하고 이를 교사와 학생들에게 숙지한다.
⑦ 성폭력 예방 교육을 효율적으로 실시하기 위하여 성폭력 예방 교육을 일회성보다는 체계적이고 반복적으로 실시한다.

6) 학교 성희롱 및 성폭력 예방 교육의 방향 정립

① 성폭력 문제에 대한 다양한 측면의 접근을 포괄하되 궁극적으로는 균형 잡힌 인성교육을 지향한다.
② 성희롱·성폭력 예방 교육은 전체 성교육 방향과 일관성 있게 체계적으로 모색한다.
③ 성폭력에 대한 학교의 노력은 그 발생 실태로 보아 예방뿐 아니라 개입 및 교정 교육의 성격이 중요하다. 따라서 성폭력에 대한 교육은 성폭력 발생 예방, 성폭력 조기 발견, 사후의 정신적 치유, 가해자 교정 교육 등을 목적으로 하여야 한다.
④ 성희롱·성폭력 예방 교육 프로그램은 성보다는 폭력이라는 문제에 초점을 맞춤으로써 이러한 예방 교육이 가질 수 있는 부정

적인 면을 최소화할 뿐 아니라 실질적인 대처 능력을 갖는 것을 강조한다.

(6) 학교 성희롱 및 성폭력 예방 교육 프로그램의 내용 및 방법

① 성폭력 예방 교육은 유아기부터 시작하여 반복해야 한다.
② 성폭력 예방 교육은 발달 연령별로 그 강조점과 제시 방법을 다르게 진행하여 언제나 머릿속에서 성폭력에 대한 대처 방법을 생각할 수 있게 해야 한다.
③ 성폭력 예방 교육은 실제적인 문제 상황을 중심으로 실천력과 기능을 익힐 수 있도록 적극적인 활동 중심의 참여 학습 실시가 중요하다.

⑥ 성폭력에 대한 잘못된 편견

　성폭력에 대하여 잘못된 편견을 가지고 있는 우리 사회의 일부 계층에서는 성폭력은 실제와는 너무나 거리가 먼 잘못된 생각들을 마치 과학적 근거라도 있는 것처럼 상상을 하면서 혼자의 생각으로 성폭력을 정당화하여 본인의 생각으로 받아들이고 있다.

　이러한 통념들의 위력은 매우 크기 때문에 피해자가 가해자보다 피해 사실이 알려지는 것을 더 두려워하여 고소는 엄두도 못 내고 있는 것이 현실이다. 따라서 대부분의 성폭력은 은폐되고 그 심각성이 사회 일반에 널리 알려지지 못하고 있으며 고통이나 후유증도 한층 더 심화되고 있는 것이 매우 안타까운 현실이다.

　이러한 성폭력의 잘못된 편견을 몇 가지 간추려 보면 다음과 같다.

1) 강간만이 성폭력이다

　우리는 흔히 심한 성추행이나 강간만을 성폭력으로 생각하는 경향이 있다. 그러나 정확히 말해서 상대방(여성)의 의사에 반하면 상대방에게 불쾌감이나 공포, 불안 등을 주는 모든 성적 행위는 성폭력이다. 이를테면 직장에서 여성을 대상으로 한 진한 농담, 지하철 같은 공공장소에서의 치근거림, 성기 노출, 음란 전화, 음란 통신, 아내 구타, 인신매매, 강요된 매춘, 포르노(음란 영화, 비디오, 만화, 음란 도서) 등을 억지로 보게 하는 행위도 모두 성폭력에 해당한다.

이렇게 보면 성폭력은 우리 일상 생활의 한 부분으로 들어와 있으며 모든 여성이 '단지 여자라는 이유만으로' 크고 작은 성폭력에 항상 노출되어 있다고 할 수 있다.

2) 강간은 난폭한 성관계이다

바로 이러한 통념 때문에 피해 여성은 사건을 신고하지 않고 사실을 은폐시키며 깊은 자책감이나 수치감, 절망감 등에 빠지게 된다.

강간은 성관계가 아니다. 단지 남성의 성이 공격 무기가 되어 여성의 성을 침해한 폭력 행위일 따름이다. 물론 남성의 성기 삽입이라는 행위가 일어나지만 그것은 여성의 의지와 관계없이 일어난 것이다. 강간당한 여성은 순결을 잃은 것이 아니라 폭력을 당한 것이다. 성폭력을 강도에게 상해당한 것이라고 생각할 때 피해 여성의 심리적 극복이 훨씬 쉬워진다.

3) 자신에게 일어날 수 없는 일이다

사람들은 성폭력 문제가 심각하다고는 느끼지만 대부분 자신과는 무관한 일로 생각한다. 그동안 극히 일부의 성폭력 문제만 세상에 알려져 왔기 때문에 이렇게 생각하는 것은 당연한지도 모른다.

그러나 성폭력은 특정 연령, 계층 혹은 장소에서만 일어나는 것이 아니라 나이, 종교, 직업, 교육 정도, 사회적 지위, 용모에 관계없이 모든 여성들에게 일어나고 있다.

4) 남성의 참을 수 없는 성충동 때문이다

이러한 생각은 '남성의 성욕은 본능적이고 충동적이며 억제할 수 없을 정도로 강하다'라는 잘못된 생각이 전제된 것이다.

20세기 성 과학자들에 의해 이것은 전혀 과학적 근거가 없는 것으로 밝혀지고 있다. 70% 이상이 우발적이기보다는 계획된 범죄로 나타나고 있고, 가해자는 성폭력의 시간과 장소를 치밀하게 계획하고 실행에 옮긴 것으로 조사되었다.

가해자에 관한 한 연구에 의하면, 성폭력을 행사하게 되는 동기는 자신에 대한 불만이나 분노, 소외감의 표출이 많고 때로는 자신의 남성다움을 과시하거나 능력을 입증하는 방법으로 성폭력을 하는 것으로 나타나고 있다.

성폭력이 쉽게 이러한 수단이 되는 것은 남성의 성은 억제할 필요가 없을 뿐 아니라 여성의 성을 남성의 소유로 생각하는 남성 중심적 성문화와 여성의 낮은 사회적 지위 그리고 여성 비하 의식 때문이라고 할 수 있다.

5) 여성들의 심한 노출이 성폭력의 요인이다

여름철만 되면 각종 매스컴에서는 여성의 노출과 성폭력을 문제 삼고 있다. 이것은 성폭력 문제의 본질을 보지 못한 잘못된 생각이면서 우리 사회에 널리 퍼져 있는 문제이다. 성폭력은 젊은 여성에게만, 그리고 노출이 심한 여성에게만 일어나는 것이 아니기 때문이다. 어린이 성폭력이 전체 성폭력의 30%가 넘으며, 여름철에만 성폭행 사건이 일어나지 않는다는 것이 이를 입증한다.

피해자의 옷차림이나 언동에 성폭력 책임을 전가하거나 범죄를 정당화시킬 수는 없다. 여성을 한 인간으로서가 아니라 남성의 성적 욕망을 만족시켜주는 대상으로 바라보는 사회 풍조가 근본적으로 문제인 것이다. 그리고 이것은 다른 범죄들과는 달리, 비난의 화살을 범인이 아니라 피해자에게 돌리는 잘못된 논리를 적용시킨 것이다.

6) 강간은 낯선 사람에게서만 발생한다.

실제로 강간 피해는 모르는 사람보다 아는 사람에 의한 경우가 훨씬 더 많다. 어느 한 상담소의 통계에 따르면 아는 사람에 의한 강간이 전체의 70% 이상을 차지하고 있는데 이러한 통념 역시 성폭력을 남성의 성충동에 의해 일어나는 우발적 범죄로 보는 인식이 전제된 것이다.

7) 강간범은 정신 이상자이다

많은 사람들이 강간범은 저소득층의 성격 파탄자나 정신 이상자일 것으로 생각한다. 그리고 대체로 정상적인 일상생활을 하지 못하는 사람이라고 믿는다.

그러나 여러 사례를 통해 보아도 가해자가 정신 이상자인 경우는 거의 없다. 대부분의 가해자는 일반인과 다를 바 없는 사람들이고 직업이나 계층적 특수성도 나타나지 않고 있다. 도리어 성실한 직업인으로 혹은 착실한 사람으로 평가받는 사람도 있다. 이들은 자신의 소외감, 열등감, 박탈감, 분노 등을 표출할 대상으로 성적인 공격에 대해 무력하다고 생각되는 여성과 어린이를 택했을 뿐이다.

8) 끝까지 저항하면 강간은 불가능하다

흔히 '흔들리는 바늘에 실을 꿸 수 있느냐'며 끝까지 저항하면 강간은 불가능하다고 생각한다. 그래서 화간으로 몰고 가거나 피해 여성을 정조 관념이 없다고 매도하기도 한다.

그러나 강간범은 많은 경우 말로 위협하는 정도에 그치지 않고 때리거나 흉기로 위협한다. 따라서 피해 상황은 흔들리는 바늘이 아닌 꽉 잡혀 있는 바늘과도 같은 상태인 것이다.

피해자인 여성은 극도의 공포와 수치심으로 저항하기보다 무력해지기 쉽다. 또한 우리의 전통적인, 착하고 온순한 아내 만들기 교육이 여성들에게 저항하는 능력을 키우지 못하게 만든 것도 큰 요인이다.

9) 부부간에 강간이란 있을 수 없다

아직도 많은 사람들은 아내 강간을 언급하는 것은 시기상조라거나 부부 사이를 이간질하는 것이라며 못마땅해 하는 것이 현실로, 아내 강간이란 있을 수 없다고 생각한다.

그러나 아내 구타에 관한 보고서에 의하면 심한 구타 후 강제적으로 성관계를 하는 경우가 많은 것으로 나타나고 있다. 구타당하는 아내들은 이때가 가장 죽고 싶을 정도로 고통스럽다고 한다.

이것은 분명 아내에 대한 성적 학대이자 강간 행위이다.

왜냐하면 아내는 남편의 소유물이 아니며 자신의 몸과 성에 관한 사항을 결정할 권리가 자신에게 있기 때문이다.

부부간의 강간 행위를 그동안은 사법부에서 인정하지 않고 부부싸움의 일원 정도로 취급하다가 최근에 실형을 선고함으로써 부부간의 강간이 일어날 수 있음을 증명하였다.

10) 젊은 여자들에게나 일어날 것이다

한국 성폭력 상담소의 실제 통계에 의하면 피해자 나이는 갓난아이에서부터 80세 노인에 이르기까지 다양하게 일어나고 있는 것이 현실이다.

11) 성폭력은 주로 어두운 밤에 한적한 골목에서 낯선 사람에 의해서 일어날 것이다

피해 장소는 피해자와 가해자의 집을 비롯하여 직장과 학교, 병원 등 공공장소는 물론 숙박업소와 유흥업소 등 실내가 약 60%이며, 거리와 골목, 기타 유원지, 공원, 야외 등 실외가 14%를 차지하고 있는 실정이다.

12) 피해자 스스로 조심하는 것 말고는 성폭력을 방지할 뾰족한 방법이 없다

지금까지 성폭력에 대한 잘못된 통념들은 실제 상황이나 피해자의 경험에 대한 충분한 근거 자료 없이 기존의 성차별적 문화를 바탕으로 한 비합리적인 인식으로 오히려 피해자를 의심하며 사회의 폭력 문화를 조장하는 결과를 가져왔을 뿐이다.

이러한 잘못된 편견 속에서 여성은 자신의 행동표현과 의사표현을 얼마나 정확하게 하는가에 따라서 자신만이 지킬 수 있는 일상생활 속에서 예방 방법을 알아보면 다음과 같이 정리해 볼 수가 있다

:: 위험한 성폭력으로부터 벗어나기 위한 나의 일상생활 속 예방 지침

- 평소 주변사람에게 본인의 주장을 분명히 하는 태도를 가진다.
- 규칙적인 운동과 체력 단련으로 힘과 자신감을 충분히 기른다.
- 자신의 성에 대한 가치관, 행동에 대한 분명한 결정권을 가진다.
- '예'와 '아니요'가 정확한 의사표현을 한다.
- 불쾌한 성적인 접촉 시 분명히 거부 의사를 표시한다.
- 평상시 성폭력에 대한 예방과 대처 방법을 터득한다.
- 이성간에 음담패설을 삼가 한다.
- 자신이 가는 곳을 주변사람에게 명확히 알린다.
- 숙박업소는 따라가지 않는 것이 좋다. 부득이한 경우 비상연락망을 확인한다.
- 평소 자신의 주량을 파악하고, 술은 가능한 적게 마신다.
- 택시를 탈 수 있도록 비상금을 소지하고, 콜택시 전화번호를 가지고 다닌다.
- 택시를 탈 경우 차량의 번호와 회사명을 알아둔다.

아래 사항에 근접하는 사람은 항상 경계를 하여야 한다.
- 평상시 대화할 경우 자신의 감정을 잘 드러내지 않는 사람
- 쌍스런 욕과 과격한 행동, 여성에 대한 부정적인 발언을 하고 통명스럽게 말하는 사람
- 강한 사람처럼 행동하며, 용맹스러움을 과장되게 표현하는 사람
- 폭력(장난삼아 때린다든지 팔을 붙잡는 행위 등)을 자주 행하는 사람
- 질투심이 강하고 여성을 지나치게 소유하려 하고 사람
- 공공장소에서 몸을 지나치게 밀착시키고, 성적인 행동을 유도하는 사람
- 여성의 행동을 무시하고 본인의 뜻대로 하는 사람
- 여성을 이분화하여 여성의 순결함을 강조하고 여성을 상품으로 보는 사람
- '싫어요'라고 말하면 더 공격적 또는 적대적으로 여성에게 행동하는 사람
- 공적인 장소나 회식자리에서 더욱더 친근하게 행동하며, 타인과 본인이 알고 있는 여성을 분리하려고 애를 쓰는 사람
- 여성과 만나면 단 둘이 있기만을 고집하는 사람
- 여성의 관심과 순종을 요구하는 사람
- 질문을 하여 여성이 말하는 것보다 더 많은 것을 알기 원하는 사람
- 여성은 남성에게 복종하는 형식에 지나치게 집착하는 사람

⑦ 성폭력 후유증

성폭력 피해는 일반인들이 생각하는 것보다 훨씬 광범위하고 정도가 심각하며 후유증 또한 오래간다. 다만, 그동안 피해자들은 혼자서 모든 것을 해결하려고 하다가 혼자 고민하고 겉으로 드러나지 않았기 때문에 피해의 극심함이 제대로 인식되지 못했을 뿐이다.

1) 신체적 피해

성폭력의 후유증으로 제일 심각한 것이 임신 또는 성병 감염, 신체 상해 등 신체적 피해이다. 성폭력의 충격과 후유증은 어마어마한 스트레스로 작용하고 있으면서 이것을 견디다 못해 혼자 고민하다가 심지어는 자살 또는 자해를 하는 경우도 많이 발생하고 있다.

2) 심리적 피해

심리적인 피해의 범위는 너무나 크게 작용을 하고 있는데 대표적인 경우가 불안이나 불면증, 두려움과 공포, 대인기피증, 심각한 우울증, 좌절감, 남성에 대한 분노와 배신감, 손상감과 무기력 등이다.

순결 상실감으로 남자들을 싫어하거나 심할 경우에는 정상적인 결혼 생활을 기피하게 되고 더욱 심하면 대인관계 및 사회 활동에 지장을 초래하기도 한다.

3) 사회, 경제적 불이익과 장애 현상

직장 내 성폭력 피해자인 경우 피해자가 오히려 직장을 잃게 되고 오히려 가해자는 더욱더 떳떳하게 사회활동을 한다. 심지어 피해자가 기혼인 경우 이혼을 당하거나 소문과 협박으로 이중, 삼중의 고통을 받기도 한다.

4) 사회 전반에 끼치는 심각한 피해

가족관계 손상과 함께 원하지 않는 매춘 문제 이야기를 할 수가 있으며, 피해 당사자는 노동 의욕을 상실할 수가 있으며, 사회적 측면에서 파악을 하여보면 인간관계 파괴 등과 여성의 행동 제약 및 사고의 위축으로 인하여서 당사자는 정상적인 남녀관계에 대한 불신을 할 수가 있는 상황 등이다.

8 성폭력에 대한 대처행동

성폭력, 성희롱의 피해는 어느 누구에게나 일어날 수가 있기 때문에 스스로 예방하고 대처할 수 있는 능력을 키워나가는 것이 제일 중요하다. 구체적으로 자신을 중심으로 해서 그 방법을 알아보면 다음과 같다.

① 버스나 지하철 안에서 치한을 만났을 때 만원일 경우 조심스럽게 그런 행위를 중단하라고 상대방에게 의사표현을 한다.

② 만약 이 방법을 선택하기 어려우면 가방 등의 소지품으로 몸을 가린다. 그런데도 지속적으로 만지거나 밀착 행위를 시도하면 모른 척하면서 상대방의 몸을 세게 꼬집거나 신발로 발등을 밟으면서 주의를 촉구한다.

소지품 중에 옷핀이 있으면 날카로운 부분으로 상대의 중요 부분 또는 신체 일부분을 세게 찌르고 찌르고 난 뒤에는 말로써 당신이 그러한 행동을 하니까 나도 대응을 한다고 크게 말을 하면 주위의 도움으로 안전을 유지하게 되는 것도 매우 중요한 수단이 된다.

만원이 아닌 상태에서 가깝게 밀착을 시도할 경우 물리적으로 최대한 거리를 유지하면서 가해자를 떠난다. 간혹 가해자가 계속 따라올 경우 다른 사람들에게 도움을 적극적으로 청하거나 소리를 질러 가해자의 행위를 노출시킨다.

③ 인적이 드문 장소나 학교 주변에서 혼자 가다가 성기 노출을 시도하는 남성을 만났을 때 너무 심하게 두려워하는 반응을 보이면 가해자는 오히려 더 적극적으로 접근할 가능성이 있다.

이 경우 최대한 침착하게 보여야 섣불리 건드릴 수 없는 사람으로 여기고 오히려 가해자가 먼저 피하게 된다. 만일 당황하여서 얼굴을 돌리거나 부끄러워하면 상대방이 즐기면서 자신의 행동을 만끽하게 된다. 침착하고 당당한 자세를 유지하면서 휴대 전화기로 동영상을 찍고 가까운 경찰서 또는 지구대에 연락하여 체포할 수 있게 증거를 확보하는 것도 중요하다.

④ 남성보다 신체적인 조건이 약한 여성이 치한을 벗어나는 것은 물리적으로 매우 어렵다. 물리적인 저항을 심하게 할수록 치한은 더 거칠게 나오는 경향이 있으므로 가능하면 인지적으로 상황을 대처해야 하는데, 최대한 침착함을 유지해야 한다.
치한에게 어차피 억울하고 강제로 당하는 것보다는 스스로 '요구에 응해주겠다' 하고 하며 상대의 마음을 조금은 안정시키고 위기를 모면할 수 있도록 최대한 시간을 벌어야 한다. 맥주를 한 잔 마시고 요구에 응해주겠다고 하든지 가까운 모텔을 이용하자고 유혹하면서 정확한 상황을 파악하고 최대한 순발력을 발휘하여 경찰에 신고를 하는 돌파구를 찾아야 할 것이다.

⑤ 이상한 전화를 받았을 때는 곧바로 끊어버리고 또다시 동일한 사람에게서 전화가 걸려오면 전화선을 일시적으로 뽑아버린다. 또 전화를 거는 가해자는 전화를 받는 여성이 전화 내용 때문에 기분 나빠하거나 무섭거나 고통스러워한다고 느꼈을 때 만족이나 쾌감을 경험하므로 별다른 느낌이 없는 것처럼 끊어버려야 한다. 어떤 가해자들은 수화기를 들자마자 이상한 소리를 시작하지만, 다른 가해자들은 몇 마디 대화를 하다가 이상한 소리를 낸다. 상처를 받지 않으려면 이상한 소리가 들리는 즉시 끊어버려야 한다.

⑨ 성희롱이란

◉ 성희롱의 유형

(1) 육체적 성희롱

다음과 같은 형태의 행위를 육체적인 성희롱이라고 할 수 있다.
① 반가운 척하면서 입맞춤이나 포옹을 하는 행위
② 반가운 척하면서 뒤에서 껴안기 등을 하는 신체적 접촉 행위
③ 가슴 또는 엉덩이 등 특정 신체 부위를 고의적으로 만지는 행위
④ 피로를 핑계 삼아서 안마나 애무를 강요하는 행위

(2) 언어적 성희롱

다음과 같은 형태의 행위를 언어적인 성희롱이라고 할 수 있다.
① 친분을 이용하여 음란한 농담이나 음담패설을 즐기는 행위
② 타인과 비교하면서 외모에 대한 성적인 비유나 평가를 하는 해위
③ 개인적인 성적 사실관계를 집요하게 묻거나 성적인 내용의 정보를 의도적으로 유포하는 행위
④ 성적 관계를 강요하거나 회유하는 행위
⑤ 음란한 내용의 전화 통화를 하는 행위
⑥ 회식자리 등에서 직장의 직위를 이용하여 무리하게 옆에 앉혀 술을 따르도록 강요하는 행위

> **::사례**
>
> C는 한 번밖에 없는 통근 버스를 놓쳐 부장의 차를 탔는데, 포르노를 본 적이 있느냐는 등의 말을 하며 야외로 차를 돌려 업무와는 관계없이 개인적인 행위를 하기에 차문을 열고 밖으로 뛰어내려 도망간 적이 있다. 또 회식 후 집 방향이 같은 부장과 택시를 함께 타게 되었는데 만지고 집적거리기에 왜 그러냐고 말하며 뿌리쳤더니 "이러면 좋지 않아? 내려서 2차나 하고 가자."며 본인의 의사와는 전혀 관계없이 일방적인 행위를 강요했다.

(3) 시각적 성희롱

다음과 같은 형태의 행위를 시각적인 성희롱이라고 할 수 있다.

① 외설적인 사진, 그림, 낙서, 음란 출판물 등을 게시하거나 보여주는 행위
② 직접 또는 팩스나 컴퓨터 등을 통하여 음란한 편지, 사진, 그림을 보내는 행위
③ 성과 관련된 자신의 특정 신체 부위를 고의적으로 노출하거나 만지는 행위

> **::사례**
>
> 회사 직원인 A는 상당히 뚱뚱한 편이다. 더구나 다른 여직원들보다 엉덩이와 젖가슴이 유난히 커 남성들의 눈길을 많이 끄는 편이다.
> A는 항상 자신의 외모에 대한 콤플렉스에 빠져 혼자 고민을 많이 하고 있었다. 그러던 어느 날 자신의 책상 위에 젖소 그림이 한 장 놓여 있는 것을 발견하고 많이 놀라게 되었다. 유난히 크게 그려진 소의 젖통을 보는 순간 심한 굴욕감과 성적 수치심이 동시에 느껴졌다.

성희롱 바로 알자

　성희롱은 여성의 사회 참여가 많아지면서 사회적인 중요한 문제가 되었다. 더 이상 홀로 침묵하고 인내하는 것은 평등한 사회, 건전한 직장 문화를 가꾸어가는 데 보탬이 되지 않는다.
　성희롱에 해당하는지 여부의 '일반적 판단'은 다음 사항을 기준으로 할 수 있다.

① 어떤 행위가 성희롱에 들어가는지 여부에 관한 결정은 성적 언동의 성격과 사건이 일어나게 된 배경 등 모든 상황과 기록을 전체적으로 고려하여 사안별로 결정한다. 물론 양 당사자가 원하고, 상호 합의가 된 성적관계나 교제는 성희롱이 아니다.
② 원치 않는 행위는 반드시 반복적이거나 계속적일 필요는 없다. 단, 한 번의 성적 언동이라도 성희롱으로 간주할 수 있다.
③ 성희롱 행위자의 의도나 동기가 아니라 피해자의 관점을 기초로 문제된 행위가 원했던 것인지 아닌지 여부에 대한 판단을 해야 한다.
④ 피해자가 반드시 행위자에게 그 행위를 원치 않는다는 명시적인 의사 표시를 직접 하여야만 성희롱이 성립되는 것이 아니라, 그것이 실제로 원치 않는 행위였음은 피해자의 언행이나 주변 정황을 참고하여 객관적으로 판단한다.

성희롱에 대한 잘못된 생각

(1) 성희롱은 사소한 문제이다

조직 내에서 성희롱을 경험한 사람은 모욕감이나 수치감, 위협을 느끼는 데 그치지 않고 때에 따라서는 정상적인 업무 수행이 불가능할 정도로 정신장애나 두통, 위장장애를 일으키기도 하며 심한 경우 직장을 그만두는 경우도 있다.

(2) 성적인 농담, 가벼운 접촉은 오히려 직장생활의 활력소가 된다.

성적인 농담은 듣는 사람에게 수치감과 모욕감을 줄 뿐만 아니라 그 대상이 된 사람의 업무 수행을 방해하고 업무 능력을 저하시키므로 조직생활의 활력소가 되기보다는 생산성을 저하시키는 결과를 초래한다.

(3) 성희롱 의도는 없으며, 친밀감의 표현이다

성희롱을 '친밀감의 표현'으로 보는 것은 관계를 무시한 자의적이고 일방적인 해석이다. 남녀 모두가 평등하고 건강한 직장 문화를 이루기 위해서는 다른 동료가 느끼게 될 감정을 먼저 생각해야 한다.

(4) 직장에서의 성희롱은 무시해버리면 그만이다

자신 또는 타인에 대한 불유쾌한 성희롱을 모르는 척하고 지나가 버리거나, 아무 일 없었던 것처럼 행동하는 것은 문제 해결에 아무런 도움이 되지 않는다. 성희롱을 모르는 척 소극적인 행동은 오히려 성희롱을 당연한 것으로 받아들이는 결과가 되며, 성희롱을 지속시키는 결과를 초래한다. 따라서 성희롱을 당했을 때는 행위에 대해 문제를 제기하고 교정하려는 적극적인 자세가 필요하다.

(5) 성희롱은 여성의 과다한 신체 노출로 인한 '성적 충동'이다.

성희롱 피해자는 유아에서부터 노인까지 전 연령에 이르고 있으며, 계절과 시간에 관계없이 발생하고 있다. 이것은 피해자의 과다한 신체 노출로 인한 가해자의 성적 충동이 성희롱 발생 요인이 아님을 보여주고 있다.

성희롱의 발생 요인은 개인적인 문제나 생물학적인 성의 차이로 보기보다는 사회적인 문제로 바라보아야 대책과 예방 등의 해결방안을 마련할 수 있다.

⑩ 성희롱 예방 방법

◉ 성희롱 방지 의무

공공기관의 장 및 사용자는 성희롱의 방지를 위하여 교육을 실시하는 등 필요한 조치를 의무적으로 강구하여야 한다.

(1) 성희롱 예방 조치의 유형

① 성희롱 상담, 고충에 대한 전담 창구 마련 및 정기 점검
② 성희롱 상담자에 대한 교육 훈련 지원
③ 성희롱 예방 교육, 홍보용 자료 게시 또는 비치
④ 성희롱 행위자에 대한 적정한 대처 및 재발 방지 대책 수립
⑤ 성희롱과 관련된 피해자의 불이익한 조치 금지
⑥ 성희롱 예방 지침 마련

여성부는 2001년 4월 17일 '공공기관의 성희롱 예방 지침'을 개정하여 고시하였다.

1. 성희롱 예방 교육
공공기관의 장 및 사용자는 성희롱의 방지를 위하여 연 1회 이상 성희롱 예방 교육을 실시하여야 한다.

2. 교육 방법
공공기관의 규모와 사정을 고려하여 직원 연수, 정례 조회, 부서별 회의 등을 이용하되 시청각 교재 등을 활용할 수 있다.

3. 교육 내용
① 성희롱 관련 법령 및 남녀차별 금지 기준
② 성희롱 발생 시의 처리 절차 및 조치 기준
③ 성희롱 피해자의 고충 상담 및 구제 절차
④ 성희롱을 한 자에 대한 제재 조치 및 심리 상담
⑤ 기타 성희롱 예방에 관한 사항

4. 교육 대상
성희롱 예방 교육은 경영자, 임원, 중간 관리자, 부서장, 일반직원, 신입사원 등 직장 내의 지위와 역할에 따라 차별성 있게 실시해야 효과가 커진다.

5. 경영자·임원 교육
성희롱 문제의 본질, 개념, 기업 질서와 생산성 및 직원들의 인권, 근로조건에 미치는 영향의 중대성에 대한 이해를 높이는 데 주안점을 둔다.

6. 관리자·부서장 교육
부하 직원이 업무를 효율적으로 수행할 수 있는 환경 조성과 직원에 대한 관리 감독의 책임이 있으므로 성희롱 예방과 방지에 주의를 기울여야 하며, 문제의 신속한 해결을 위해 노력해야 할 필요성을 이해시킨다. 조건형 성희롱의 사례를 중심으로 설명하는 것이 효과적이다. 조건형 성희롱이란 성희롱 행위자가 성적인 접근을 하였으나 상대방이 이를 거부하였을 경우에 채용, 승진 등 고용상의 불이익을 주는 경우를 말한다.

7. 조건형 성희롱의 사례

① 성적 봉사 또는 성관계가 명백하게 또는 암암리에 채용하는 데 조건이 되는 것
② 일자리를 제공하거나 현 위치를 유지해주는 것 또는 좋은 업무 조건을 제공해 주는 것을 미끼로 성적 행위를 요구하는 것
③ 근로자에게 성적인 관계를 요구했다가 거부한 것을 이유로 사업주가 근로자를 해고하는 것
④ 출장 중에 상급자가 차안에서 근로자의 허리, 가슴 등 신체를 접촉하였을 때 이를 저항했기 때문에 근로자를 불이익한 부서로 배치, 전환하는 것
⑤ 사내의 공식적인 회식 모임에서 사업주가 외설적인 춤을 추자고 요구하고, 포옹하려고 할 때 이를 거부하자 승진에서 탈락시킨 것

8. 일반 직원 · 신입 직원 교육

성희롱의 가해자와 피해자인 당사자가 될 수 있기 때문에 양쪽의 입장에서 성희롱 문제에 대처할 수 있도록 주안점을 둔다. 환경형 성희롱 사례를 중심으로 설명하는 것이 효과적이다.
환경형 성희롱이란 성희롱 행위자가 성적인 언동을 통해 피해자 개인의 업무 능률을 저해하거나 고용 환경을 악화시킨 경우를 말한다. 역할극, 토론 등으로 다양한 관점과 의견 교환을 하여 스스로 성문화를 진단하고 건전한 직장 분위기로 만들어가도록 하는 것이 효과적이다.

9. 환경형 성희롱의 사례

① 성적인 음담패설, 외모에 대한 성적인 평가 등의 발언으로 근로자가 굴욕감을 느끼고 근로 의욕이 저하되는 것
② 동료 근로자가 성적인 소문을 의도적으로 퍼뜨려 심적 고통을 느끼고 일이 손에 잡히지 않는 것
③ 음란 사진, 그림 등을 게시하여 근로자가 항의하였으나 계속 부착하

여 굴욕감으로 업무에 집중할 수 없도록 하는 것

10. 성희롱 예방을 위한 행동 요령

성희롱은 평소 서로를 성적으로 대상화하지 않음으로써 예방할 수 있다.

1) 동료로서 태도

① 상대방을 인격과 존엄성을 가진 존재, 함께 일하는 동료로 인정하고 평소 동료들 간에 존칭을 사용한다.
② 공적 업무와 사적인 일을 명확히 구분한다.
③ 음담패설을 삼간다.
④ 성희롱으로 인한 불쾌한 감정은 분명히 표현한다.
⑤ 불분명한 대응은 상대의 오해를 불러올 수 있다.
⑥ 상대가 자신의 성적 언동에 적극 찬동하지 않거나 불쾌한 표정을 짓거나 자리를 피하는 등의 행동을 하면 이를 거부 의사로 받아들이고 즉각 행동을 중지한다.
⑦ 상대가 의사 표현을 하지 않는다고 해서 그것을 긍정적인 뜻으로 판단해서는 안 된다.
⑧ 동료의 신체에 대해 성적인 평가나 비유를 하지 않는다.
⑨ 불필요한 신체 접촉을 삼간다.
⑩ 회식 때 술 시중이나 춤을 강요하지 않는다.
⑪ 직장에서 인터넷 음란 사이트를 보지 않는다.

2) 상사로서 태도

① 부하직원을 칭찬할 때 쓰다듬거나 가볍게 치는 행위도 성희롱으로 오해받을 소지가 있으므로 그런 행동은 신중을 기해야 한다.
② 부하직원을 딸 같다. 아들 같다 하면서 쓰다듬거나 안마를 요구하거나 하는 등의 신체접촉을 하지 않는다.
③ 자신이 관리하는 영역에서 성희롱이 일어나지 않도록 예방에 힘쓰며, 일단 성희롱이 발생하면 그 행동을 중지시켜야 한다.
④ 중재, 경고, 징계 등의 조치 이후 가해자가 보복이나 앙갚음을 하지 않도록 주시한다.

⑤ 성희롱을 당하면서도 이를 거부하지 못하는 피해자가 있다는 것을 알게 되었다면 이를 중지시켜야 한다.

11. 성희롱 대처 방법

1) 개인적 대응

거부의사를 직접 표현하기가 어려울 경우 소극적이기는 하지만 불쾌한 표정을 짓거나 그 자리를 피한다. 그러나 이러한 대응으로는 성희롱을 저지하기 어렵다.

① 가해자에게 직접 중지할 것을 요구하고, 이것이 어려우면 가해자에게 편지를 쓴다. 중지를 요청할 때는 차분하고 명확한 어투로 분명하게 표현해야 한다. 편지에는 당시 상황을 6하원칙(언제, 어디서, 누가, 무엇을, 어떻게, 왜)에 따라 정확히 기록하고 피해자의 생각이나 느낌을 정리하는 등 핵심이 정확하게 표현되어야 한다. 이 편지는 이후 증거 자료가 될 수 있으므로 사본을 남겨둔다. 또 가해자에게 발송할 때 내용증명으로 보내어 적법한 증거로 활용할 수 있도록 한다.
② 가해자에게 직접 본인의 의사를 전달하기 어려울 때는 주변 직원들과 문제를 의논하고 공동으로 대응한다.
③ 상급자에게 이를 알리고 상급자가 가해자의 행동을 저지하도록 요구한다.

2) 기관 내 자체 처리 절차

성희롱의 접수

피해자는 고충 상담 창구를 통하여 피해 내용을 상담하고 처리를 요구한다.
① 증인과 증거가 있는 경우에는 확보하여 제출할 수 있다.
② 상담자는 6하원칙에 맞도록 신청하여야 한다.

상담과 조사

상담이나 신고를 통해 피해자의 요구가 접수되었을 때 일차적으로 사건에 대한 조사, 확인 절차를 거쳐 필요 시 가해자에게 공개 사과, 각서 요구 등 중재, 조정을 한다. 조사 과정에서 터득한 개인 정보는 양자의 프라이버시에 관한 문제로 비밀을 지켜야 한다.

상담과 조사 시 피해자와 증인의 난처한 입장을 최대한 고려하여야 하며, 피해자와 증인을 행위자 등의 보복으로부터 보호하는 조치를 취하여야 한다.

사실 확인 및 조치

3) 상담 및 조사에 의한 사실 확인 결과
① 성희롱에 해당하지 않는다고 판단되면 당사자에게 통보하여 종결 조치한다.
② 성희롱에 해당된다고 판단될 경우에는 사안의 경중에 따라 다음과 같은 조치를 취한다.

4) 조정에 의한 조치
① 성희롱 사안이 경미하고 당사자 간에 화해가 가능한 경우에는 피해자와 행위 자의 의견을 듣고 조정안을 마련하여 양자의 합의로 사건을 마무리한다.
② 조정안에는 피해자에 대한 공개 사과, 행위자에 대한 경고, 행위자의 각서 제출에 의한 사과와 재발 방지 보장, 행위자 또는 피해자의 부서 이동 등의 방안을 고려할 수 있다.
③ 조정의 결과를 보고받은 기관장은 조정 내용대로 조치하고 사건을 종결 조치한다.

5) 인사 조치 및 징계
① 조정이 성립되지 않거나 성희롱 사안이 중한 경우에는 기관장은 상담원과 인사 및 감사 부서 책임자의 의견을 듣고 행위자의 전보, 직위 해제, 징계 요구(견책, 감봉, 정직, 해임, 파면) 등의 적절한 조치를 취하여야 한다.
② 조사를 종결한 때에는 피해자와 성희롱 행위자 모두에게 그 결과를 알려주어야 한다.
③ 기관장은 성희롱 사건에 대한 조치 후에도 사후 피해자에 대한 성희롱이 재발되거나 보복이 이루어지지 않도록 관심을 가져야 한다.

6) 법적 구제 요청

위와 같은 기관 내 자체 처리 절차를 거치지 않거나 처리 결과가 만족스럽지 못할 때에 피해자는 여성부 남녀차별개선위원회에 법적 구제를 요청할 수 있다.

'남녀차별금지및구제에 관한법률'에 의해 남녀차별(성희롱 포함) 사항의 조사, 시정권고 기타 남녀차별 개선사무는 여성부가 전담하여 수행하고 있다.

여성부는 남녀차별(성희롱 포함) 사항의 시정신청을 접수하고 관련 상담에 응하기 위해 남녀차별 신고 센터를 설치하여 운영하고 있다.

7) 여성부에 신고 방법

남녀차별과 성희롱 행위로 인한 피해자가 남녀차별 신고 센터에 직접 와서 신청서를 작성하거나 팩스 및 우편으로 신청서를 접수할 수 있다. 신청서는 여성부의 홈페이지(www.moge.go.kr)에서 '남녀차별(성희롱) 신고'를 클릭하든지 여성부에 전화(02-3477-4076~7)로 요청하여 팩스(02-2106-5227) 또는 우편(서울시 서초구 반포동 520-3)으로 받아 볼 수 있다.

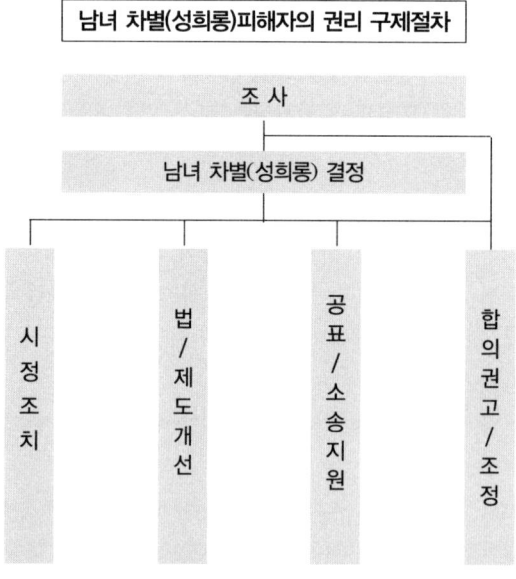

① 조사
주로 피해자의 신청을 받아 조사에 착수한다.
② 자율적 해결을 위한 합의 권고와 조정
여성부가 시정신청을 조사하는 과정에서 남녀차별(성희롱) 사항에 해당한다고 인정할 때에는 신청인 및 피신청인에게 합의 권고를 하고 합의가 이루어지지 아니한 경우 조정에 회부할 수 있다.
③ 남녀차별(성희롱) 여부의 결정 및 시정조치 권고
여성부는 조사 결과 남녀차별(성희롱) 사항에 해당한다고 인정할 만한 상당한 이유가 있을 때에는 남녀차별(성희롱)임을 결정하고 당해 공공기관의 장 또는 사용자에게 다음과 같은 시정조치를 권고한다.
- 남녀차별(성희롱) 행위의 중지
- 원상회복, 손해배상 기타 필요한 구제조치
- 재발 방지를 위한 교육 및 대책수립 등을 위한 조치
- 일간 신문의 광고란을 통한 공표

④ 공표, 고발, 벌칙 등
시정조치의 권고나 의견, 공공기관 및 사용자의 시정조치 권고에 대한 처리 결과 내용을 공표할 수 있다.
남녀차별(성희롱) 사항 조사 결과 그 내용이 관계 법률의 형사 처벌 규정에 위반된다고 인정할 때에는 관할 수사기관 등에 고발할 수 있다.
여성부에서 결정된 남녀차별(성희롱) 사항 중 중대한 사항으로서 피신청인이 이에 대한 결정에 불응한 민사사건에 대하여 소송을 지원할 수 있다(재원 : 여성발전기금). 여성부의 실제 조사를 정당한 이유 없이 방해한 사람에 대하여 2년 이하의 징역 또는 1천만 원 이하의 벌금에 처하게 된다.
조사를 위한 자료 제출을 거부하거나 출석 요구에 불응한 사람 등에 대하여 1천만 원 이하의 과태료에 처하게 된다.

성희롱 관련 법령에는 남녀차별금지 및 구제에 관한 법률 및 동법 시행령법 제7조 : 성희롱의 금지 등 영 제4조 : 성희롱 예방 교육 등이 포함되고 남녀고용평등법, 동법시행령 및 동법시행규칙에는 법 제8조 2항 : 직장 내 성희롱의 예방 영 제9조 : 직장 내 성희롱 예방 교육

규칙 제1조 3항 : 직장 내 성희롱 예방 교육의 내용 등

규칙 제1조 4항 : 직장 내 성희롱 예방 교육의 예외

규칙 제1조 5항 : 직장 내 성희롱을 한 자에 대한 징계 등이 있다.

여성발전기본법에는 제17조 3항 : 국가, 지방자치단체 또는 사업주는 성희롱의 예방 등 직장 내의 평등한 근무 환경 조성을 위하여 필요한 조치를 취하여야 한다. 는 조항이 포함된다.

국가공무원법에서는 제63조 - 품위 유지의 의무

공무원은 직무의 내외를 불문하고 그 품위를 손상하는 행위를 하여서는 아니 된다.

제78조 - 징계 사유

직무의 내외를 불문하고 그 체면 또는 위신을 손상하는 행위를 한 때 에도 성희롱관련법에 접촉을 받는다.

민법에서는

제750조 - 불법 행위의 내용

고의 또는 과실로 인한 불법 행위로 타인에게 손해를 가한 자는 그 손해를 배상할 책임이 있음

제756조 - 사용자의 배상 책임

타인을 사용하여 어느 사무에 종사하게 한 자는 피용자가 가한 손해를 배상할 책임이 있음. 사용자에 가름하여 그 사무를 감독하는 자

도 전향의 책임이 있음을 표기하며

   형법에서는

   제303조 - 업무상 위력 등에 의한 간음

업무, 고용 기타 관계로 인하여 자기의 보호 또는 감독을 받는 부녀에 대하여 위계 또는 위력으로 간음한 자는 5년 이하의 징역 또는 1천5백만 원 이하의 벌금에 처함

   성폭력범죄의처벌및피해자보호 등에관한법률

   제11조 - 업무상 위력 등에 의한 추행

업무, 고용 기타 관계로 인하여 자기의 보호 또는 감독을 받는 사람에 대하여 위계 또는 위력으로써 추행한 자는 2년 이하의 징역이나 5백만 원 이하의 벌금형에 처함

   남녀차별금지기준(여성부 고시 제2001 - 1호)

   제15조 : 성희롱

   제16조 : 성희롱의 금지 영역

   제17조 : 성희롱의 대표적 유형

   공공기관의 성희롱 예방 지침(여성부 고시 제2001-2호)

   제4조 : 성희롱 예방교육의 내용

   제5조 : 성희롱 예방교육의 방법

   제6조 : 공공기관장의 성희롱 예방 조치

● 성희롱 고충 상담 처리 요령

상담자는 충분히 내담자의 말을 들어주고 스스로 문제를 해결해 갈 수 있도록 도와주는 조력자이다.

상담 내용은 가해자와의 면담이나 사후 대처과정에서 중요한 증거가 될 수 있으므로 정확한 기록이 필요하다.

● 피해자와 상담할 때 유의할 점

① 일단 경청하고, 피해자에게 충분한 지지와 용기를 주도록 한다.
② 피해자의 말을 추정하지 말고 피해 상황을 정확하게 파악한다.
③ 피해자의 과거의 행동 등의 여부에 구애받지 않고 현재 문제되는 상황에 대해서만 객관적으로 판단한다.
④ 피해자가 무엇을 원하는지 명확하게 파악하고, 피해 상황을 해결하는 최선의 방법을 모색할 수 있도록 적절한 정보를 제공해야 한다.
⑤ 가해자의 신원을 정확하게 알아내도록 한다.
⑥ 그 상황에서 다른 피해자가 있는지, 혹은 더 이전에 그 가해자에 의한 다른 피해자가 있는지도 반드시 알아본다. 다른 피해자가 있다면 피해자끼리 같이 연대하여 대책을 세울 수 있기 때문이다.

● 가해자와 상담할 때 유의할 점

① 피해자의 신고를 토대로 가해자 면접을 시도하며, 이 내용들을 녹음 또는 기록해둔다.

② 가해자를 만나면 신고가 들어온 성희롱의 상황에 대해 이야기하며, 가해자가 진술을 하면 그 내용을 통하여 가해자가 상황을 알고 이해하고 있는지를 파악한다.
③ 가해자가 미처 성희롱으로 인식하지 못하고 있는 경우, 가해자의 습관적 행위나 성희롱을 의도하지 않은 행위로도 피해자가 생길 수 있음을 주지시키고, 그 행위를 그만두도록 요청한다.
④ 피해자 측의 요구사항을 가해자에게 알려주고, 가해자가 이를 받아들이는지 묻는다.
⑤ 피해자가 가해자의 사과를 요청하면 가해자는 최대한 정중하게 사과를 하도록 하며, 상담원이 배석한 자리에서 하는 것이 보다 공식적이다.
⑥ 편견 없이 공정하게 조사가 이루어질 것임을 설명한다.
⑦ 사과나 행위의 중단이 없을 경우 사내 규정 절차 및 관련법에 따라 일정한 절차를 밟게 된다는 정보를 다시 주지시킨다.

● 제3자로부터의 고충 상담

① 동료 여직원이 그 상사로부터 성희롱을 일상적으로 반복하여 받고 있는 것을 보고 불쾌히 여기는 직원으로부터 상담이 있는 경우에는 동료 여직원 및 그 상사로부터 사정을 청취, 그 사실이 성희롱이라고 인정되는 경우에는 그 상사에 대해 감독자를 통해 또는 상담원이 직접 주의를 촉구한다.
② 비상근 직원에게 집요하게 붙어 다닌 다던가 그 신체에 불필요하게 접촉하는 직원이 있으나 비상근 직원인 본인은 입장이 약

하기 때문에 고충을 신고하지 않는 경우 제3자로부터 상담이 있을 때는 본인으로부터 사정을 청취, 사실이 인정되는 경우에는 본인의 의향을 존중하되 감독자를 통해 또는 상담원이 직접 가해자로 된 직원으로부터 사정을 듣고 주의시킨다.

::성희롱, 얼마나 알고 있나

성희롱의 기본적인 특징들입니다. 이 지침서를 읽기 전에 자신의 지식 또는 인식 정도를 측정하십시오.
다음 문항에 OX로 답하시오
1. 성희롱 문제는 지극히 사적이어서 개인적 차원에서 해결해야 한다.
2. 성희롱인지 아닌지를 판단하는 기준은 피해자가 어떤 영향을 받았는가보다는 가해자가 성희롱을 할 의도가 있었는지의 여부에 있다.
3. 사무실에서 통신으로 음란 사이트를 혼자 보고 있는데 다른 사람이 이를 우연히 보았다면 이것도 성희롱에 해당될 수 있다.
4. 성희롱 관련 상담을 할 때는 비공개를 전제로 하므로 내담자가 원하는 경우가 아니라면 상담 내용이 공개되지 않는다.
5. 성희롱은 과다한 신체 노출에서 시작되는 경우가 많다.
6. 성희롱은 남녀차별의 한 형태이다.
7. 성희롱을 당한 남성도 '남녀차별 금지 및 구제에 관한 법률'에 의거하여 법적 보호를 받는다.
8. 공공기관의 장과 사용자는 성희롱 예방을 위한 조치를 취할 법적인 의무를 갖고 있지 않다.
9. 성희롱을 당한 피해자가 거부 의사를 명확하게 표현하지 않았다면 자신의 피해를 성희롱으로 문제 삼을 수 없다.

〈Pre-Test〉해답
1. (X)
'남녀차별금지및구제에관한법률'은 공공기관의 종사자, 사용자 및 근로자에게 성희롱을 하여서는 아니 된다고 규정하고 있으며, 공공기관의 장과 사용자는 성희롱 예방을 위한 조치를 취할 법적인 의무를 갖고 있다. 따라서 성희롱은 더 이상 개인의 문제가 아닌 사회문제로 인식되어야 한다.

2. (X)
성희롱인지 아닌지를 판단하는 기준 가운데 가장 중요한 것은 피해자가 어떤 영향을 받았는가 하는 것이다.
성적인 농담이나 음담패설이 직장생활의 활력소라고 인식되어 왔던 여태까지의 상황에서 특별히 타인에게 성적 굴욕감이나 혐오감을 주기 위해 성희롱을 행하지는 않을 경우도 있다.
그러나 습관적으로 무심코 행해지는 행위들이 상대방에게 성적 굴욕감이나 혐오감을 주고, 작업 환경을 해치기 때문에 성희롱의 법적 규제가 이루어진 것이다.

3. (O)
이 경우는 시각적 성희롱 유형에 해당될 수 있다. 설령 혼자 보겠다는 의도에서 시작했다 하더라도 여러 직원이 함께 일하는 사무실에서 음란 사이트를 본다는 것은 다른 직원에게 언제든지 노출될 가능성이 존재한다.

4. (O)
상담 내용을 비밀로 유지하는 것은 상담의 기본 원칙이다. 더구나 내담자(피해자)가 비밀 보장을 요구할 경우 다수의 이익을 위한다 하더라도 상담 내용을 공개해서는 안 된다.
그러므로 공개될까봐 두려운 나머지 상담을 꺼려야 할 필요는 없다. 단, 상담자는 내담자에게 피해 사례를 공개할 때의 목적이나 취지를 설명하여 내담자의 의사를 타진할 수는 있다. 물론 피해 사례를 공개하더라도 내담자의 신분을 보장해주는 것이 원칙이다.

5. (X)
성희롱 피해자는 유아에서부터 노인까지 전 연령에 이르고 있으며, 계절과 시간에 관계없이 발생하고 있다. 이것은 피해자의 과다한 신체 노출이 성희롱 발생 요인이 아님을 보여주고 있다.

6. (O)
'남녀차별금지및구제에관한법률'은 성희롱을 남녀차별로 보고 있다. 여성과 남성을 차별적으로 평가하고 차별적인 대우를 행한다는 것을 단적으로 보여주는 것은 성희롱 피해자의 대부분이 여성이라는 사실이다.

7. (O)
성희롱 문제로 법적인 구제의 대상에 성별 제한은 없다. 남자든 여자든 성희롱을 당했으면 법적인 도움을 요청할 수 있다.
특히 수적으로 월등하게 우세한 한 성이 열세인 다른 성을 대상으로 성희롱하는 경향도 무시할 수 없다.

8. (X)
'남녀차별 금지 및 구제에 관한 법률'에 따라 공공기관의 장 및 사용자는 성희롱의 방지를 위하여 연 1회 이상의 교육을 실시하는 등 필요한 조치를 강구하여야 한다.
이를 위하여 여성부는 2001년 4월 17일 '공공기관의 성희롱예방 지침'을 고시하였다.

9. (X)
피해자가 거부 의사를 명확하게 표현하지 않더라도 그 피해로 어느 정도의 영향을 받았는가에 따라 성희롱으로 분류될 수 있다. 성희롱 예방교육과 의사 표현 훈련이 부족하고, 성희롱을 사소한 것으로 간주해온 문화 속에서 이를 시정해줄 것을 요구하기가 쉽지 않을 뿐 아니라, 상사에게 문제 제기를 하면 엄격한 위계질서를 위협하는 것으로 여기는 분위기가 여전히 남아 있기 때문에 피해자가 거부의사를 표현하지 못하는 경우가 많다.

부록

성폭력범죄의 처벌 및 피해자보호 등에 관한 법률

[(타)일부개정 2010.1.18 법률 제9932호 시행일 2010.3.19]

- 전국성폭력상담소 · 보호시설협의회 주소록
- 전국원스톱지원센터 주소록

제1장 총칙

제1조(목적) 이 법은 성폭력범죄를 예방하고 그 피해자를 보호하며, 성폭력범죄의 처벌 및 그 절차에 관한 특례를 규정함으로써 국민의 인권신장과 건강한 사회질서의 확립에 이바지함을 목적으로 한다.

제2조(정의) ① 이 법에서 "성폭력범죄"라 함은 다음 각 호의 1에 해당하는 죄를 말한다.<개정 1997. 8. 22, 1998. 12. 28>
1. 형법 제22장 성풍속에 관한 죄 중 제242조(음행매개)·제243조(음화 등의 반포 등)·제244조(음화 등의 제조 등) 및 제245조(공연음란)의 죄
2. 형법 제31장 약취와 유인의 죄 중 추행 또는 간음을 목적으로 하거나 취업에 사용할 목적으로 범한 제288조(영리 등을 위한 약취, 유인, 매매 등)·제292조(약취, 유인, 매매된 자를 수수 또는 은닉. 다만, 제288조의 약취·유인이나 매매된 자를 수수 또는 은닉한 죄에 한한다)·제293조(상습범. 다만, 제288조의 약취·유인이나 매매된 자 또는 이송된 자를 수수 또는 은닉한 죄의 상습범에 한한다)·제294조(미수범. 다만, 제288조의 미수범 및 제292조의 미수범 중 제288조의 약취·유인이나 매매된 자를 수수 또는 은닉한 죄의 미수범과 제293조의 상습범의 미수범 중 제288조의 약취·유인이나 매매된 자를 수수 또는 은닉한 죄의 상습범의 미수범에 한한다)의 죄
3. 형법 제32장 강간과 추행의 죄 중 제297조(강간)·제298조(강제추행)·제299조(준강간, 준강제추행)·제300조(미수범)·제301조(강간 등 상해·치상)·제301조의 2(강간 등 살인·치사)·제302조(미성년자 등에 대한 간음)·제303조(업무상위력 등에 의한 간음) 및 제305조(미성년자에 대한 간음, 추행)의 죄

4. 형법 제339조(강도, 강간)의 죄
5. 이 법 제5조(특수강도, 강간 등) 내지 제14조의 2(카메라 등 이용 촬영)의 죄
② 제1항 각 호의 범죄로서 다른 법률에 의하여 가중처벌되는 죄는 성폭력 범죄로 본다.

제3조(국가와 지방자치단체의 의무) ① 국가와 지방자치단체는 성폭력범죄를 예방하고 그 피해자를 보호하며 유해환경을 개선하기 위하여 필요한 법적·제도적 장치를 마련하고 필요한 재원을 조달하여야 한다.
② 국가와 지방자치단체는 청소년을 건전하게 육성하기 위하여 청소년에 대한 성교육 및 성폭력예방에 필요한 교육을 실시하여야 한다.
③ 제2항의 규정에 의한 청소년에 대한 성교육 및 성폭력예방에 필요한 교육에 관하여 필요한 사항은 대통령령으로 정한다.<신설 1997. 8. 22>

제4조(피해자에 대한 불이익처분의 금지) 성폭력범죄의 피해자를 고용하고 있는 자는 누구든지 성폭력범죄와 관련하여 피해자를 해고하거나 기타 불이익을 주어서는 아니 된다.

제2장 성폭력범죄의 처벌 및 절차에 관한 특례

제5조(특수강도·강간 등) ① 형법 제319조 제1항(주거침입), 제330조(야간주거침입절도), 제331조(특수절도) 또는 제342조(미수범. 다만, 제330조 및 제331조의 미수범에 한한다)의 죄를 범한 자가 동법 제297조(강간) 내지 제299조(준강간, 준강제추행)의 죄를 범한

때에는 무기 또는 5년 이상의 징역에 처한다.<개정 1997. 8. 22>
② 형법 제334조(특수강도) 또는 제342조(미수범. 다만, 제334조의 미수범에 한한다)의 죄를 범한 자가 동법 제297조(강간) 내지 제299조(준강간, 준강제추행)의 죄를 범한 때에는 사형·무기 또는 10년 이상의 징역에 처한다.<개정 1997. 8. 22>

제6조(특수강간 등) ① 흉기 기타 위험한 물건을 휴대하거나 2인 이상이 합동하여 형법 제297조(강간)의 죄를 범한 자는 무기 또는 5년 이상의 징역에 처한다.
② 제1항의 방법으로 형법 제298조(강제추행)의 죄를 범한 자는 3년 이상의 유기징역에 처한다.
③ 제1항의 방법으로 형법 제299조(준강간, 준강제추행)의 죄를 범한 자는 제1항 또는 제2항의 예에 의한다.<개정 1997. 8. 22>
④ 삭제<2006. 10. 27>

제7조(친족관계에 의한 강간 등) ① 친족관계에 있는 자가 형법 제297조(강간)의 죄를 범한 때에는 5년 이상의 유기징역에 처한다.<개정 1997. 8. 22>
② 친족관계에 있는 자가 형법 제298조(강제추행)의 죄를 범한 때에는 3년 이상의 유기징역에 처한다.<개정 1997. 8. 22>
③ 친족관계에 있는 자가 형법 제299조(준강간, 준강제추행)의 죄를 범한 때에는 제1항 또는 제2항의 예에 의한다.<개정 1997. 8. 22>
④ 제1항 내지 제3항의 친족의 범위는 4촌 이내의 혈족과 2촌 이내의 인척으로 한다.<개정 1997. 8. 22>
⑤ 제1항 내지 제3항의 친족은 사실상의 관계에 의한 친족을 포함한다.<신설 1997. 8. 22>

제8조(장애인에 대한 간음 등) 신체장애 또는 정신상의 장애로 항거 불능인 상태에 있음을 이용하여 여자를 간음하거나 사람에 대하여 추행한 자는 형법 제297조(강간) 또는 제298조(강제추행)에 정한 형으로 처벌한다.<개정 1997. 8. 22>

제8조의2(13세 미만의 미성년자에 대한 강간, 강제추행 등) ① 13세 미만의 여자에 대하여 「형법」 제297조(강간)의 죄를 범한 자는 7년 이상의 유기징역에 처한다.
② 13세 미만의 사람에 대하여 폭행이나 협박으로 다음 각 호의 어느 하나에 해당하는 행위를 한 자는 5년 이상의 유기징역에 처한다.
1. 구강·항문 등 신체(성기는 제외한다)의 내부에 성기를 넣는 행위
2. 성기·항문에 손가락 등 신체(성기는 제외한다)의 일부나 도구를 넣는 행위
③ 13세 미만의 사람에 대하여 「형법」 제298조(강제추행)의 죄를 범한 자는 3년 이상의 유기징역 또는 1천만 원 이상~3천만 원 이하의 벌금에 처한다.
④ 13세 미만의 사람에 대하여 「형법」 제299조(준강간, 준강제추행)의 죄를 범한 자는 제1항부터 제3항까지의 규정의 예에 따라 처벌한다.
⑤ 위계 또는 위력으로써 13세 미만의 여자를 간음하거나 13세 미만의 사람에 대하여 추행을 한 자는 제1항부터 제3항까지의 규정의 예에 따라 처벌한다.
[전문개정 2008 6. 13]

제9조(강간 등 상해·치상) ① 제5조 제1항, 제6조, 제8조의 2 또는 제12조(제5조 제1항, 제6조 또는 제8조의 2의 미수범만 해당한다)의 죄를 범한 자가 사람을 상해하거나 상해에 이르게 한 때에는 무

기징역 또는 7년 이상의 징역에 처한다.<개정 2008. 6. 13>
② 제7조, 제8조 또는 제12조(제7조 또는 제8조의 미수범에 한한다)의 죄를 범한 자가 사람을 상해하거나 상해에 이르게 한 때에는 무기 또는 5년 이상의 징역에 처한다.<개정 1997. 8. 22>

제10조(강간 등 살인·치사) ① 제5조부터 제8조까지, 제8조의 2, 제12조(제5조부터 제8조까지 및 제8조의 2의 미수범만 해당한다)의 죄 또는 「형법」 제297조(강간)부터 제300조(미수범)까지의 죄를 범한 자가 사람을 살해한 때에는 사형 또는 무기징역에 처한다.
② 제6조부터 제8조까지 또는 제12조(제6조부터 제8조까지의 미수범만 해당한다)의 죄를 범한 자가 사람을 사망에 이르게 한 때에는 무기징역 또는 10년 이상의 징역에 처한다.
③ 제8조의 2 또는 제12조(제8조의 2의 미수범만 해당한다)의 죄를 범한 자가 사람을 사망에 이르게 한 때에는 사형, 무기징역 또는 10년 이상의 징역에 처한다.
[전문개정 2008. 6. 13]

제11조(업무상 위력 등에 의한 추행) ① 업무·고용 기타 관계로 인하여 자기의 보호 또는 감독을 받는 사람에 대하여 위계 또는 위력으로써 추행한 자는 2년 이하의 징역 또는 500만 원 이하의 벌금에 처한다.
② 법률에 의하여 구금된 사람을 감호하는 자가 그 사람을 추행한 때에는 3년 이하의 징역 또는 1,500만 원 이하의 벌금에 처한다.
③ 장애인의 보호·교육 등을 목적으로 하는 시설의 장 또는 종사자가 보호·감독의 대상이 되는 장애인에 대하여 위계 또는 위력으로써 간음한 때에는 7년 이하의 징역에 처하고, 추행한 때에는 5년 이하의 징역 또는 3,000만 원 이하의 벌금에 처한다.<신설 2006. 10. 27>

제12조(미수범) 제5조 내지 제10조 및 제14조의 2의 미수범은 처벌한다.<개정 1997. 8. 22, 1998. 12. 28>

제13조(공중밀집장소에서의 추행) 대중교통수단, 공연·집회장소 기타 공중이 밀집하는 장소에서 사람을 추행한 자는 1년 이하의 징역 또는 300만 원 이하의 벌금에 처한다.

제14조(통신매체이용음란) 자기 또는 다른 사람의 성적 욕망을 유발하거나 만족시킬 목적으로 전화·우편·컴퓨터 기타 통신매체를 통하여 성적 수치심이나 혐오감을 일으키는 말이나 음향, 글이나 도화, 영상 또는 물건을 상대방에게 도달하게 한 자는 2년 이하의 징역 또는 500만 원 이하의 벌금에 처한다.<개정 2006. 10. 27>

제14조의 2(카메라 등 이용촬영) ① 카메라 기타 이와 유사한 기능을 갖춘 기계장치를 이용하여 성적 욕망 또는 수치심을 유발할 수 있는 타인의 신체를 그 의사에 반하여 촬영하거나 그 촬영물을 반포·판매·임대 또는 공연히 전시·상영한 자는 5년 이하의 징역 또는 1천만 원 이하의 벌금에 처한다.<개정 2006. 10. 27>
② 영리목적으로 제1항의 촬영물을 「정보통신망 이용촉진 및 정보보호 등에 관한 법률」 제2조 제1항 제1호의 정보통신망(이하 "정보통신망"이라 한다)을 이용하여 유포한 자는 7년 이하의 징역 또는 3,000만 원 이하의 벌금에 처한다.<신설 2006. 10. 27>
[본조신설 1998. 12. 28]

제15조(고소) 제11조 제1항·제13조 및 제14조의 죄는 고소가 있어야 공소를 제기할 수 있다.<개정 1997. 8. 22, 2006. 10. 27>

제16조(보호관찰 등) ① 법원이 성폭력범죄를 범한 자에 대하여 형의 선고를 유예할 경우에는 1년 동안 보호관찰을 받을 것을 명할 수 있다. 다만, 성폭력범죄를 범한 자가 소년인 경우에는 반드시 보호관찰을 명하여야 한다.
② 법원이 성폭력범죄를 범한 자에 대하여 형의 집행을 유예할 경우에는 그 집행유예 기간 내에서 일정기간동안 보호관찰을 받을 것을 명하거나 사회봉사 또는 수강을 명할 수 있다. 이 경우 2 이상 병과할 수 있다. 다만, 성폭력범죄를 범한 자가 소년인 경우에는 반드시 보호관찰·사회봉사 또는 수강을 명하여야 한다.<개정 1997. 8. 22>
③ 성폭력범죄를 범한 자로서 형의 집행 중에 가석방된 자는 가석방 기간동안 보호관찰을 받는다. 다만, 가석방을 허가한 행정관청이 필요가 없다고 인정한 때에는 그러하지 아니한다.
④ 보호관찰·사회봉사 및 수강에 관하여 이 법에 정한 사항 이외의 사항에 관하여는 보호관찰등에관한법률을 준용한다.<개정 1995. 1. 5, 1997. 8. 22>

제17조 삭제<2005. 8. 4>

제18조(고소제한에 대한 예외) 성폭력범죄에 대하여는 형사소송법 제224조(고소의 제한)의 규정에 불구하고 자기 또는 배우자의 직계존속을 고소할 수 있다.

제19조(고소기간) ① 성폭력범죄 중 친고죄에 대하여는 형사소송법 제230조(고소기간) 제1항의 규정에 불구하고 범인을 알게 된 날부터 1년을 경과하면 고소하지 못한다. 다만, 고소할 수 없는 불가항력의 사유가 있는 때에는 그 사유가 없어진 날부터 기산한다.
② 형사소송법 제230조(고소기간) 제2항의 규정은 제1항의 경우에

이를 준용한다.

제20조(특정강력범죄의 처벌에 관한 특례법의 준용) ① 성폭력범죄에 대한 처벌절차에는 특정강력범죄의 처벌에 관한 특례법 제7조(증인에 대한 신변안전조치)·제8조(출판물 등으로부터의 피해자보호)·제9조(소송 진행의 협의)·제12조(간이공판절차의 결정) 및 제13조(판결 선고)의 규정을 준용한다.
② 제5조·제6조·제9조·제10조 및 제12조(제5조·제6조·제9조 및 제10조의 미수범에 한한다)의 죄는 특정강력범죄의 처벌에 관한 특례법 제2조(적용범위) 제1항의 규정에 의한 특정강력범죄로 본다.
제21조(피해자의 신원과 사생활비밀누설금지) ③ 성폭력범죄의 수사 또는 재판을 담당하거나 이에 관여하는 공무원은 피해자의 주소·성명·연령·직업·용모 기타 피해자를 특정하여 파악할 수 있게 하는 인적사항과 사진 등을 공개하거나 타인에게 누설하여서는 아니 된다.
④ 제1항에 규정된 자는 성폭력범죄의 소추에 필요한 범죄구성사실을 제외한 피해자의 사생활에 관한 비밀을 공개하거나 타인에게 누설하여서는 아니 된다.
⑤ 누구든지 제1항의 규정에 따른 피해자의 인적사항과 사진 등을 피해자의 동의를 받지 아니하고 출판물에 게재하거나 방송매체 또는 정보통신망을 이용하여 공개하여서는 아니 된다.<신설 2006. 10. 27>

제21조의 2(성폭력범죄의 피해자에 대한 전담조사제) ① 검찰총장은 각 지방검찰청 검사장으로 하여금 성폭력범죄 전담 검사를 지정하도록 하여 특별한 사정이 없는 한 이들로 하여금 피해자를 조사하게 하여야 한다.

② 경찰청장은 각 경찰서장으로 하여금 성폭력범죄 전담 사법경찰관을 지정하도록 하여 특별한 사정이 없는 한 이들로 하여금 피해자를 조사하게 하여야 한다.
③ 국가는 제1항 및 제2항의 검사 및 사법경찰관에 대하여 성폭력범죄의 수사에 필요한 전문지식과 피해자보호를 위한 수사방법 등에 관한 교육을 실시하여야 한다.
[본조신설 2006. 10. 27]

제21조의3(영상물의 촬영·보존 등) ① 검사 또는 사법경찰관은 성폭력 범죄를 당한 피해자의 연령, 심리상태 또는 후유장애의 유무 등을 신중하게 고려하여 조사과정에서 피해자의 인격이나 명예가 손상되거나 사적인 비밀이 침해되지 않도록 주의하여야 한다.<개정 2006. 10. 27>
② 검사 또는 사법경찰관은 성폭력범죄의 피해자를 조사함에 있어서 피해자가 편안한 상태에서 진술하도록 조사환경을 조성하여야 하며, 조사 횟수는 필요 최소한으로 하여야 한다.<신설 2006. 10. 27>
③ 제1항의 피해자가 16세 미만이거나 신체장애 또는 정신상의 장애로 사물을 변별하거나 의사를 결정할 능력이 미약한 때에는 피해자의 진술내용과 조사과정을 비디오녹화기 등 영상물 녹화장치에 의하여 촬영·보존하여야 한다. 다만, 피해자 또는 법정대리인이 이를 원하지 않는 의사를 표시한 때에는 촬영을 하여서는 아니 된다.<개정 2006. 10. 27>
④ 제3항의 규정에 따라 촬영한 영상물에 수록된 피해자의 진술은 공판준비 또는 공판기일에서 피해자 또는 조사과정에 동석하였던 신뢰관계에 있는 자의 진술에 의하여 그 성립의 진정함이 인정된 때에는 증거로 할 수 있다.<개정 2006. 10. 27>
⑤ 수사기관은 제3항의 요건에 해당하는 피해자 또는 법정대리인으

로부터 신청이 있는 때에는 영상물 촬영과정에서 작성한 조서의 사본을 신청인에게 교부하여야 한다.<개정 2006. 10. 27>
⑥ 누구든지 제3항의 규정에 따라 촬영한 영상물을 수사 및 재판의 용도 외에 다른 목적으로 사용하여서는 아니 된다.<신설 2006. 10. 27>
[본조신설 2003. 12. 11]

제22조(심리의 비공개) ① 성폭력범죄에 대한 심리는 그 피해자의 사생활을 보호하기 위하여 결정으로 이를 공개하지 아니할 수 있다.
② 증인으로 소환 받은 성폭력범죄의 피해자와 그 가족은 사생활보호 등의 사유로 증인신문의 비공개를 신청할 수 있다.
③ 재판장은 제2항의 신청이 있는 때에는 그 허가여부 및 공개, 법정 외의 장소에서의 신문 등 증인의 신문방식 및 장소에 관하여 결정할 수 있다.
④ 법원조직법 제57조(재판의 공개)제2항 및 제3항의 규정은 제1항 및 제3항의 경우에 이를 준용한다.

제22조의 2(전문가의 의견조회) ① 법원은 정신과의사·심리학자·사회복지학자 그 밖의 관련전문가에게 행위자 또는 피해자의 정신·심리상태에 대한 진단소견 및 피해자의 진술내용에 관한 의견을 조회할 수 있다.
② 법원은 성폭력범죄를 조사·심리함에 있어서 제1항의 규정에 의한 의견조회의 결과를 참작하여야 한다.
[본조신설 2003. 12. 11]

제22조의 3(신뢰관계에 있는 자의 동석) ① 법원은 제5조 내지 제9조와 제11조 및 제12조(제10조의 미수범을 제외한다)의 범죄의 피해

자를 증인으로 신문함에 있어서 검사·피해자 또는 법정대리인의 신청이 있는 때에는 재판에 지장을 초래할 우려가 있는 등 부득이한 경우가 아닌 한 피해자와 신뢰관계에 있는 자를 동석하게 하여야 한다.
② 제1항의 규정은 수사기관이 제1항의 피해자를 조사하는 경우에 관하여 이를 준용한다.
[전문개정 2006. 10. 27]

제22조의4(비디오 등 중계 장치에 의한 증인신문) ① 법원은 제2조 제1항 제3호 내지 제5호의 규정에 의한 범죄의 피해자를 증인으로 신문하는 경우 검사와 피고인 또는 변호인의 의견을 들어 비디오 등 중계 장치에 의한 중계를 통하여 신문할 수 있다.
② 제1항의 규정에 의한 증인신문의 절차·방법 등에 관하여 필요한 사항은 대법원규칙으로 정한다.
[본조신설 2003. 12. 11]

제22조의 5(신고의무) 18세 미만의 사람을 보호하거나 교육 또는 치료하는 시설의 책임자 및 관련종사자는 자기의 보호 또는 감독을 받는 사람이 제5조 내지 제10조, 형법 제301조(강간 등 상해·치상) 및 제301조의 2(강간 등 살인·치사)의 범죄의 피해자인 사실을 안 때에는 즉시 수사기관에 신고하여야 한다.
[본조신설 1997. 8. 22]

제22조의 6(증거보전의 특례) ① 피해자 또는 그 법정대리인은 피해자가 공판기일에 출석하여 증언하는 것이 현저히 곤란한 사정이 있는 때에는 그 사유를 소명하여 당해 성폭력범죄를 수사하는 검사에 대하여 형사소송법 제184조(증거보전의 청구와 그 절차) 제1항의 규정에 의한 증거보전의 청구를 할 것을 요청할 수 있다. 이 경우 피

해자가 제21조의 3제3항의 요건에 해당하는 경우에는 공판기일에 출석하여 증언하는 것이 현저히 곤란한 사정이 있는 것으로 본다.<개정 2003. 12. 11, 2006. 10. 27>
② 제1항의 요청을 받은 검사는 그 요청이 상당한 이유가 있다고 인정하는 때에는 증거보전의 청구를 할 수 있다.
[본조신설 1997. 8. 22]

제 3 장 성폭력피해상담소 등

제23조(상담소의 설치) ① 국가 또는 지방자치단체는 성폭력피해상담소(이하 "상담소"라 한다)를 설치 · 운영할 수 있다.
② 국가 또는 지방자치단체외의 자가 상담소를 설치 · 운영하고자 할 때에는 시장 · 군수 · 구청장
(자치구의 구청장을 말한다. 이하 같다)에게 신고하여야 한다.
<개정 1997. 8. 22, 1997. 12. 13, 2003. 12. 11>
③ 상담소의 설치기준과 신고 등에 관하여 필요한 사항은 여성가족부령으로 정한다.<개정 1997. 8. 22, 2001. 1. 29, 2005. 3. 24, 2008. 2. 29, 2010. 1. 18>

제24조(상담소의 업무) 상담소의 업무는 다음과 같다.
1. 성폭력피해를 신고 받거나 이에 관한 상담에 응하는 일
2. 성폭력피해로 인하여 정상적인 가정생활 및 사회생활이 어렵거나 기타 사정으로 긴급히 보호를 필요로 하는 사람을 병원 또는 성폭력피해자보호시설로 데려다 주는 일
3. 가해자에 대한 고소와 피해배상청구 등 사법처리절차에 관하여 대한변호사협회 · 대한법률구조공단 등 관계기관에 필요한 협조와

지원을 요청하는 일
4. 성폭력범죄의 예방 및 방지를 위한 홍보를 하는 일
5. 기타 성폭력범죄 및 성폭력피해에 관하여 조사·연구하는 일

제25조(보호시설의 설치) ① 국가 또는 지방자치단체는 성폭력피해자보호시설(이하 "보호시설"이라 한다)을 설치·운영할 수 있다.
② 사회복지법인 기타 비영리법인은 시장·군수·구청장에게 신고하고 보호시설을 설치·운영할 수 있다.<개정 1997. 8. 22, 2003. 12. 11>
③ 보호시설의 설치기준과 신고 등에 관하여 필요한 사항은 여성가족부령으로 정한다.<개정 1997. 8. 22, 2001. 1. 29, 2005. 3. 24, 2008. 2. 29, 2010. 1. 18>

제26조(보호시설의 업무) 보호시설의 업무는 다음과 같다.
1. 제24조 각 호의 일
2. 성폭력피해자를 일시 보호하는 일
3. 성폭력피해자의 신체적·정신적 안정회복과 사회복귀를 도우는 일
4. 기타 성폭력피해자의 보호를 위하여 필요한 일

제27조(상담소 또는 보호시설의 휴지 또는 폐지) 제23조 제2항 또는 제25조 제2항의 규정에 의하여 설치한 상담소 또는 보호시설을 휴지 또는 폐지하고자 할 때에는 여성가족부령이 정하는 바에 따라 미리 시장·군수·구청장에게 신고하여야 한다.<개정 1997. 8. 22, 2001. 1. 29, 2003. 12. 11, 2005. 3. 24, 2008. 2. 29, 2010. 1. 18>

제28조(감독) ① 여성가족부장관 또는 시장·군수·구청장은 상담소 또는 보호시설의 장으로 하여금 당해 시설에 관하여 필요한 보고

를 하게 할 수 있으며, 관계공무원으로 하여금 당해 시설의 운영 상황을 조사하게 하거나 장부 기타 서류를 검사하게 할 수 있다.<개정 1997. 8. 22, 2001. 1. 29, 2003. 12. 11, 2005. 3. 24, 2008. 2. 29, 2010. 1. 18>
② 제1항의 규정에 의하여 관계공무원이 그 직무를 행하는 때에는 그 권한을 표시하는 증표를 지니고 이를 관계인에게 내보여야 한다.

제29조(시설의 폐쇄 등) 시장·군수·구청장은 상담소 또는 보호시설이 다음 각 호의 1에 해당하는 때에는 그 업무의 정지 또는 폐지를 명하거나 시설을 폐쇄할 수 있다.<개정 1997. 8. 22, 2003. 12. 11>
1. 제23조 제3항 또는 제25조 제3항의 규정에 의한 설치기준에 미달하게 된 때
2. 정당한 사유 없이 제28조 제1항의 규정에 의한 보고를 하지 아니하거나 허위로 보고한 때 또는 조사·검사를 거부하거나 기피한 때

제29조의2(청문) 시장·군수·구청장은 제29조의 규정에 의하여 업무의 폐지를 명하거나 시설을 폐쇄하고자 하는 경우에는 청문을 실시하여야 한다.<개정 2003. 12. 11>
[본조신설 1997. 12. 13]

제30조(경비의 보조) 국가 또는 지방자치단체는 제23조 제2항 또는 제25조 제2항의 규정에 의하여 설치한 상담소 또는 보호시설의 설치·운영에 소요되는 경비를 보조할 수 있다.

제31조(비밀엄수의 의무) 상담소 또는 보호시설의 장이나 이를 보조하는 자 또는 그 직에 있었던 자는 그 직무상 알게 된 비밀을 누설하여서는 아니된다.

제32조(유사명칭사용금지) 이 법에 의한 상담소 또는 보호시설이 아니면 성폭력피해상담소·성폭력피해자보호시설 또는 이와 유사한 명칭을 사용하지 못한다.

제33조(의료보호) ① 여성가족부장관 또는 시장·군수·구청장은 국·공립병원·보건소 또는 민간의료시설을 성폭력피해자의 치료를 위한 전담 의료 기관으로 지정할 수 있다.<개정 1997. 8. 22, 2001. 1. 29, 2003. 12. 11, 2005. 3. 24, 2008. 2. 29, 2010. 1. 18>
② 제1항의 규정에 의하여 지정된 전담의료기관은 상담소 또는 보호시설의 장의 요청이 있을 경우에는 다음 각 호의 의료 등을 제공하여야 한다.
1. 성폭력피해자의 보건상담 및 지도
2. 성폭력피해의 치료
3. 기타 대통령령이 정하는 신체적·정신적 치료

제34조(권한의 위임) 여성가족부장관은 이 법에 의한 권한의 일부를 시·도지사 또는 시장·군수·구청장에게 위임할 수 있다.<개정 1997. 8. 22, 2001. 1. 29, 2003. 12. 11, 2005. 3. 24, 2008. 2. 29, 2010. 1. 18>

제4장 벌 칙

제35조(벌칙) ① 다음 각 호의 1에 해당하는 자는 2년 이하의 징역 또는 500만 원 이하의 벌금에 처한다.<개정 1997. 8. 22, 2006. 10. 27>
1. 영리를 목적으로 이 법에 의한 상담소 또는 보호시설을 설치·운

영한 자
2. 제21조 제1항·제2항 또는 제31조의 규정에 의한 비밀엄수의무를 위반한 자
3. 제21조 제3항의 규정을 위반하여 피해자의 인적사항과 사진 등을 공개한 자
4. 제29조의 규정에 의한 시설의 폐쇄, 업무의 휴지 또는 폐지명령을 받고도 상담소 또는 보호시설을 계속 운영한 자
② 제1항 제3호의 죄는 피해자의 명시한 의사에 반하여 공소를 제기할 수 없다.<신설 2006. 10. 27>

제36조(과태료) ① 다음 각 호의 1에 해당하는 자는 300만 원 이하의 과태료에 처한다.<개정 2003. 12. 11>
1. 정당한 사유 없이 제22조의 5 또는 제28조 제1항의 규정에 의한 신고 또는 보고를 하지 아니하거나 허위로 신고 또는 보고한 자 또는 조사·검사를 거부하거나 기피한 자
2. 제32조의 규정에 의한 유사명칭사용금지를 위반한 자
② 제1항의 규정에 의한 과태료는 대통령령이 정하는 바에 의하여 여성가족부장관 또는 시장·군수·구청장이 부과·징수한다.<개정 1997. 8. 22, 2001. 1. 29, 2003. 12. 11, 2005. 3. 24, 2008. 2. 29, 2010. 1. 18>
③ 제2항의 규정에 의한 과태료처분에 불복이 있는 자는 그 처분의 고지를 받은 날부터 30일 이내에 여성가족부장관 또는 시장·군수·구청장에게 이의를 제기할 수 있다.<개정 1997. 8. 22, 2001. 1. 29, 2003. 12. 11, 2005. 3. 24, 2008. 2. 29, 2010. 1. 18>
④ 제2항의 규정에 의한 과태료처분을 받은 자가 제3항의 규정에 의한 이의를 제기한 때에는 여성가족부장관 또는 시장·군수·구청장은 지체 없이 관할법원에 그 사유를 통보하여야 하며, 그 통보를 받

은 관할법원은 비송사건절차법에 의한 과태료의 재판을 한다.<개정 1997. 8. 22, 2001. 1. 29, 2003. 12. 11, 2005. 3. 24, 2008. 2. 29, 2010. 1. 18>
⑤ 제3항의 규정에 의한 기간 내에 이의를 제기하지 아니하고 과태료를 납부하지 아니한 때에는 국세 또는 지방세체납처분의 예에 의하여 이를 징수한다.

제37조(양벌규정) 법인의 대표자, 법인 또는 개인의 대리인·사용인 기타 종업원이 그 법인 또는 개인의 업무에 관하여 제14조의 2 또는 제35조의 위반행위를 한 때에는 행위자를 벌하는 외에 그 법인 또는 개인에 대하여도 각 해당 조의 벌금형을 과한다.<개정 1997. 8. 22, 1998. 12. 28>

부칙 <제4702호, 1994.1.5>

제1조(시행일) 이 법은 1994년 4월 1일부터 시행한다.
제2조(경과조치) ① 이 법 시행 전에 행하여진 제2조의 죄에 관하여는 종전의 규정에 의한다.
② 1개의 행위가 이 법 시행전후에 걸쳐 행하여진 때에는 이 법 시행 전에 행하여진 것으로 본다.
③ 이 법 제20조 및 제22조의 규정은 이 법 시행 전에 공소가 제기된 사건에 대하여는 이를 적용하지 아니한다.
제3조(다른 법률의 개정) 특정범죄가중처벌 등에 관한 법률 중 다음과 같이 개정한다.
제5조의 6 및 제5조의 7을 삭제한다.

부칙 (보호관찰등에관한법률) 〈제4933호, 1995. 1. 5〉

제1조(시행일) 이 법은 공포한 날부터 시행한다.
제2조 내지 제12조 생략
제13조(다른 법률의 개정) ① 생략
② 성폭력범죄의처벌및피해자보호등에관한법률중 다음과 같이 개정한다.
제16조 제4항 중 "보호관찰법"을 "보호관찰등에관한법률"로 한다.
③ 생략
제14조 생략

부칙 〈제5343호, 1997. 8. 22〉

이 법은 1998년 1월 1일부터 시행한다.

부칙 (사회복지사업법) 〈제5358호, 1997. 8. 22〉

제1조(시행일) 이 법은 1998년 7월 1일부터 시행한다. <단서 생략>
제2조 내지 제8조 생략
제9조(다른 법률의 개정 등) ① 내지 ⑥ 생략
⑦ 성폭력범죄의처벌및피해자보호등에관한법률중 다음과 같이 개정한다.
제25조 제2항 중 "시·도지사의 허가를 받아"를 "시·도지사에게 신고하고"로 하고, 동조 제3항 중 "허가"를 "신고"로 한다.
제29조의 제목 "(허가의 취소 등)"을 "(시설의 폐쇄 등)"으로 하고, 동조 본문 중 "허가를 취소할 수 있다"를 "시설을 폐쇄할 수 있다"로 한다.
제35조제2호 중 "허가의 취소"를 "시설의 폐쇄"로 한다.
⑧ 생략

부칙 (행정절차법의시행에따른공인회계사법등의정비에관한법률)
〈제5453호, 1997. 12. 13〉

제1조(시행일) 이 법은 1998년 1월 1일부터 시행한다. <단서 생략>
제2조(초지법 등의 개정에 따른 경과조치) ① 내지 ③ 생략
④ 이 법 시행일부터 1998년 6월 30일까지는 성폭력범죄의처벌및피해자보호등에관한법률 제29조의 2의 개정규정 중 "시설을 폐쇄"를 "허가를 취소"로 본다.
⑤ 내지 ⑧ 생략

부칙 (정부부처명칭등의변경에따른건축법등의정비에관한법률) 〈제5454호, 1997. 12. 13〉

이 법은 1998년 1월 1일부터 시행한다. <단서 생략>

부칙 〈제5593호, 1998. 12. 28〉

이 법은 공포한 날부터 시행한다.

부칙 (정부조직법) 〈제6400호, 2001. 1. 29〉

제1조(시행일) 이 법은 공포한 날부터 시행한다. <단서 생략>
제2조 생략
제3조(다른 법률의 개정) ① 내지 <74>생략
<75> 성폭력범죄의처벌및피해자보호등에관한법률중 다음과 같이 개정한다.
제28조 제1항, 제33조 제1항, 제34조 및 제36조 제2항 내지 제4항 중 "보건복지부장관"을 각각 "여성부장관"으로 한다.
제23조 제3항, 제25조 제3항 및 제27조 중 "보건복지부령"을 각각 "여성부령"으로 한다.

<76> 내지 <79> 생략
제4조 생략

부칙 〈제6995호, 2003. 12. 11〉

① (시행일) 이 법은 공포 후 3월이 경과한 날부터 시행한다.
② (과태료 부과·징수권자의 변경에 관한 경과조치) 이 법 시행 당시 종전의 규정에 의하여 과태료 부과·징수절차가 진행 중인 사건에 대하여는 제36조 제2항 내지 제4항의 개정규정에 불구하고 종전의 규정에 의한다.

부칙 (정부조직법) 〈제7413호, 2005. 3. 24〉

제1조(시행일) 이 법은 공포한 날부터 시행한다. 다만, 다음 각 호의 사항은 각 호의 구분에 의한 날부터 시행한다.
1. 제26조…부칙 제2조 내지 제4조의 규정은 이 법 공포 후 3월 이내에 제42조의 개정규정에 의한 여성가족부의 조직에 관한 대통령령이 시행되는 날
2. 생략
제2조 생략
제3조(다른 법률의 개정) ① 내지 ⑦ 생략
⑧ 성폭력범죄의처벌및피해자보호등에관한법률 일부를 다음과 같이 개정한다.
제23조 제3항, 제25조 제3항 및 제27조 중 "여성부령"을 각각 "여성가족부령"으로 한다.
제28조 제1항, 제33조 제1항 및 제36조 제2항 내지 제4항 중 "여성부장관"을 각각 "여성가족부장관"으로 한다.

제34조 중 "여성부장관"을 "여성가족부장관"으로 한다.
⑨ 내지 ⑭ 생략
제4조 생략

부 칙 (사회보호법) 〈제7656호, 2005. 8. 4〉

제1조(시행일) 이 법은 공포한 날부터 시행한다.
제2조 내지 제5조 생략
제6조(다른 법률의 개정) ① 생략
② 성폭력범죄의처벌및피해자보호등에관한법률 일부를 다음과 같이 개정한다.
제17조를 삭제한다.
③ 생략

부칙 〈제8059호, 2006. 10. 27〉

이 법은 공포한 날부터 시행한다. 다만, 제21조 2의 개정규정은 공포 후 3개월이 경과한 날부터 시행한다.

부칙 (정부조직법) 〈제8852호, 2008. 2. 29〉

제1조(시행일) 이 법은 공포한 날부터 시행한다. 다만, 제31조 제1항의 개정규정 중 "식품산업진흥"에 관한 부분은 2008년 6월 28일부터 시행하고, 부칙 제6조에 따라 개정되는 법률 중 이 법의 시행 전에 공포되었으나 시행일이 도래하지 아니한 법률을 개정한 부분은 각각 해당 법률의 시행일부터 시행한다.
제2조부터 제5조까지 생략
제6조(다른 법률의 개정) ①부터 <540>까지 생략

<541> 성폭력범죄의 처벌 및 피해자보호 등에 관한 법률 일부를 다음과 같이 개정한다.

제23조 제3항, 제25조 제3항, 제27조 중 "여성가족부령"을 각각 "여성부령"으로 한다.

제28조 제1항, 제33조 제1항, 제34조, 제36조 제2항부터 제4항까지 중 "여성가족부상관"을 각각 "여성부장관"으로 한다.

<542>부터 <760>까지 생략

제7조 생략

부칙 〈제9110호, 2008. 6. 13〉

이 법은 공포한 날부터 시행한다.

부칙 (정부조직법) 〈제9932호, 2010. 1. 18〉

제1조(시행일) 이 법은 공포 후 2개월이 경과한 날부터 시행한다.
<단서 생략>

제2조 및 제3조 생략

제4조(다른 법률의 개정) ① 부터 <66>까지 생략

<67> 성폭력범죄의 처벌 및 피해자보호 등에 관한 법률 일부를 다음과 같이 개정한다.

제23조 제3항, 제25조 제3항 및 제27조 중 "여성부령"을 각각 "여성가족부령"으로 한다.

제28조 제1항, 제33조 제1항, 제34조 및 제36조 제2항·제3항·제4항 중 "여성부장관"을 각각 "여성가족부장관"으로 한다.

<68>부터 <137>까지 생략

제5조 생략

전국성폭력상담소 · 보호시설협의회
(2010년 2월 10일 현재 상담소 133개소, 보호시설 17개소, 총 150개소)

1. 서울 · 인천 지역 성폭력 상담소 (14개소)

지역	상담소	주소	전화번호
서울	탁틴내일청소년상담소	서대문구 창천동114-9번지 탁틴내일 4층	(02)338-8043
	천주교성폭력상담소	동작구 상도2동 361-26번지	(02)825-1272
	(사)한국성폭력상담소	마포구 합정동 366-24번지 2층	(02)338-2890
	한국여성민우회 성폭력상담소	마포구 성산동 249-10번지 시민공간나루 3층	(02)739-8858
	(사)한국여성상담센터	성북구 안암동 3가 86번지 신일빌딩 4층	(02)953-1704
	서초성폭력상담소	서초구 방배 4동 877-17 1층	(02)599-7606
	(사)한국성폭력위기센터	강남구 도곡동 954번지 로뎀빌딩 402호	(02)883-9284
	(사)한국여성의전화성폭력상담소	은평구 녹번동1-15번지 1층	(02)2272-2161
	벧엘케어상담소	금천구 시흥3동 940-4번지 동하빌딩401호	(02)896-0408
	나무여성인권상담소	종로구 견지동 13번지 전법회관 405호	(02)732-1366
	휴샘상담센터	서울시 강서구 내발산동 709-5 402호	(02)2601-7422
인천	인구보건복지협회 인천광역시지역 성폭력상담소	남동구 간석3동 34-4번지	(032)424-3379
	인천여성가정 · 성폭력상담소	남동구 구월1동 1239-17번지(1층)	(032)468-0696
	(사)인천광역시 여성단체협의회부설 가정 · 성폭력상담소	남구 주안1동 194-6번지 인천명품관 3층	(032)865-1365

2. 경기 지역 성폭력 상담소 (24개소)

지역	상담소	주소	전화번호
경기	수원여성의전화부설 통합상담소	수원시 팔달구 중동 4번지 우림빌딩 7층	(031) 232-7795
	수원동산상담센터	수원시 팔달구 우만동 92-1 상록블루하우스615호	(031)213-7646
	(사)성남여성의전화 부설성폭력상담소	성남시 수정구 태평2동 7288-25번지 동호빌딩6층	(031)751-2050
	안양여성의전화부설 성폭력상담소	안양시 동안구 비산2동 559번지 정화빌딩6층	(031)442-5385
	평택성폭력상담소	평택시 평택동 66-10호 2층	(031)618-1366
	안산 YWCA 여성과성상담소	안산시 단원구 고잔동 710-2 하눌법조빌딩415호	(031)413-9414
	한국가정법률상담소 평택·안성지부부설 가정폭력성폭력상담소	평택시 이충동 591번지 여성회관 내 상담소	(031)611-4251
	안성성교육성폭력상담센터	안성시 금산동 33-53호	(031)676-1366
	군포여성민우회 성폭력상담소	군포시 산본동1137-7번지 대원프라자 302호	(031)396-0236
	동두천 성폭력상담소	동두천시 상패동83-1번지	(031)861-5555
	하남YWCA 부설성폭력상담소	하남시 덕풍2동 346-4번지 서해상가 4층	(031)796-1213
	(사)부천여성의 전화부설성폭력상담소	부천 원미구 중동1144-4번지 현해탑프라자 302호	(032)328-9711
	행가래로 의왕 가정· 성상담소	의왕시 오전동 373-5번지	(031)452-1311
	부천청소년성폭력상담소	부천시 소사구 송내2동630-2번지	(032)655-1366
	포천가족·성상담센타	포천시 소흘읍 송우리 494-1 정우빌딩 3층	(031)542-3172
	파주상담센타 뜰	파주시 금촌동 770-9번지 응남빌딩	(031)946-9091
	고양여성민우회 성폭력상담소	고양시 일산동구 장항동776-1 로데오메탈릭타워602-2호	(031)907-1003

지역	상담소	주소	전화번호
경기	구리성폭력상담소	구리시 토평동 984번지 구리시종합사회복지관 3층	(031)551-9976
	용인성폭력상담소	용인시 기흥구 구갈동 585-9번지	(031)281-1366
	동두천여성상담센터	동두천시 생연2동 820-33번지 3층	(031)858-1366
	남양주 가정과 성상담소	남양주시 금곡동 402-4번지 좋은인상프라자 5층	(031)558-1366
	(사)씨알여성회부설 성폭력상담소	광주시 송정동 130-14 순흥빌딩3층	(031)797-7031
	행복뜰 가정·성상담소	연천군 청산면 초성3리245-2	(031)832-1315
	양주성폭력상담소	양주시 덕정동 223-30(480-012)	(031)864-7545,6

3. 강원도 지역 성폭력상담소 (6개소)

지역	상담소	주소	전화번호
강원	강릉가정폭력· 성폭력상담소	강릉시 포남2동 1295번지 강릉시여성문화센터 2층	(033))652-9555
	동해가정폭력· 성폭력상담소	동해시 천곡동 962-26번지 33/1 2층	(033)535-4943
	속초성폭력상담소	속초시 교동 949-1	(033)637-1988
	원주가정폭력· 성폭력통합상담소	원주시 학성동 223-73 원주시사회복지센터 307호	(033)765-1366
	한국가정법률상담소 춘천지부부설춘천 가정폭력·성폭력상담소	춘천시 웅교동 174-1 루카스빌딩 2층	(033)252-1366
	영월성폭력상담소	강원도 영월군 영월읍 영흥리 960-12번지	(033)375-1366

4. 대전·충청 지역 성폭력상담소 (17개소)

지역	상담소	주소	전화번호
충남	(사)충남성폭력상담소	천안시 영성동 9-13번지 2층	(041)564-0026
	천안여성의전화부설 성폭력상담소	천안시 원성2동 543-4번지 천안신협2층	(041)561-0303-6
	조치원YWCA 성폭력상담소	연기군 조치원읍 교리 9-1 여성회관1층	(041)862-9191
	(사)홍성가족상담센터 부설 성폭력상담소	홍성군 홍성읍 남장리 437	(041)634-9949
	태안성폭력상담소	태안군 태안읍 동문리 266-2번지 2층	(041)674-7789
	계룡가정상담지원센터	계룡시 엄사면 엄사리 192-10번지	(042)841-1072
	로뎀나무상담지원센터	공주시 신관동 608-201번지	(041)852-1950
	아산성상담지원센터	아산시 권곡동 549-26번지	(041)546-9181
충북	청주YWCA여성 종합상담소	청주시 흥덕구 봉명동 1411번지 청주YWCA 1층 상담소	(043)268-3008
	청주여성의전화부설 청주성폭력상담소	청주시 상당구 서운동 22-15번지	(043)252-0968.9
	제천성폭력상담소	제천시 명동 190-3번지	(043)652-0049
	충주생명의전화부설 충주성폭력상담소	충주시 성내동 232-2	(043)845-1366
	인구보건복지협회충북 지회청주성폭력상담소	청주시 흥덕구 복대동169-2번지	(043)264-1366
대전	인구보건복지협회대전 충남회대전성폭력상담소	대전광역시 중구 오류동 189-9번지	(042)712-1367-9
	대전YWCA 성폭력상담소	대전시 중구 대흥동 445-1번지	(042)254-3038
	대한가정법률복지상담원 대전지부부설대전열린 성폭력상담소	대전시 동구 성남2동 10-17	(042)637-1366
	사회복지법인대덕사랑 아픔치유상담소	대전시 대덕구 송촌동 560-2번지2층	(042)631-1004

5. 전남북·광주·제주 지역 성폭력상담소 (21개소)

지역	상담소	주소	전화번호
전남	목포여성상담센터	목포시 옥암동 995-2 승훈빌딩 2층	(061)283-4552
	전남성폭력상담소	순천시 금곡동 167-4	(061)753-1366
	여수성폭력상담소	여수시 교동 611-6번지 2층	(061)666-4001
	무안여성상담센터	무안군 무안읍 성남리 217-1	(061)454-1360
	담양인권지원상담소	담양군 담양읍 객사리 218-8 담양새마을금고 3층	(061)383-1367
	순천성폭력상담지원센터	전남 순천시 조례동 1720-1번지	(061)721-1366
	늘푸른상담센터	전라남도 나주시 성북동214-1번지 유선빌딩3층	(061)332-1366
	해남성폭력상담소	전남 해남군 해남읍 구교리 314-6 3층	(061)533-9181
전북	(사)성폭력예방치료센터 부설 성폭력상담소	전주시 완산구 중화산동2가 589-2 전북노회회관 3층	(063)236-0152
	전주여성의전화부설 성폭력상담소	전주시 완산구 풍남동 1가 23-1번지 2층	(063)287-7325
군산	성폭력상담소	군산시 월명동 18-14번지 구월명동사무소 1층	(063)442-1570
	익산성폭력상담소	익산시영등동856-1(YMCA8층)	(063)834-1366
	(사)성폭력예방치료센터 정읍지부정읍 성폭력상담소	정읍시 수성동 618번지 정진빌딩5층	(063)537-1366
	성폭력예방치료센터 김제지부 성폭력상담소	김제시 신풍동 487-30번지	(063)546-1366
	남원YWCA성폭력상담소	남원시 향교동 1048-3번지	(063)625-1316
	부안성폭력상담소	부안군 부안읍 서외리 193-1번지	(063)583-2929
광주	(사)광주여성민우회 가족과성상담소	북구 북동 55-5번지	(062)521-1360
	인구보건복지협회 광주전남지회 성폭력상담소	남구 주월동 1201-8번지	(062)673-1366
	(사)광주여성의전화부설 광주성폭력상담소	서구 화정1동 134-8번지 내일신문 1층	(062)363-0487

지역	상담소	주소	전화번호
제주	제주YWCA통합상담소	제주시 연동 300-2번지	(064)748-3040
	(사)제주여성인권연대부설제주여성상담소	제주시 삼도2동 172-2번지 2층	(064)756-4008

6. 대구·경북 지역 성폭력상담소 (12개소)

지역	상담소	주소	전화번호
대구	대구여성의전화부설 성폭력상담소	남구 봉덕3동 650-8번지 해림한의원3층 (705-023)	(053)471-6484
	인구보건복지협회 대구·경북지회 부설 성폭력상담소	서구 평리4동 1368-1번지	(053)566-1900
	대구 여성폭력통합상담소	수성구 범어 3동 3-19 아세아빌딩 3층	(053)745-4501
경북	(사)포항여성회부설 경북여성통합상담소	포항시 남구 송도동 465-4번지	(054)275-7436
	구미여성종합상담소	구미시 광평동 88-10번지 3층	(054)463-1386
	필그림가정복지 통합상담소	상주시 화서면 상곡2리 226번지 7호	(054)534-9996
	문경 가정폭력성폭력 통합상담소	문경시 모전동 74-4번지	(054)556-1366
	칠곡종합상담센타	칠곡군 왜관읍 석전리 571-1번지	(054)973-8290
	사)한마음통합상담소	포항시 북구 죽도2동 46-34번지	(054)278-4330
	새경산성폭력상담소	경산시 삼북동 275-14번지	(053)814-1318
	경주성폭력상담소	경주시 성건동 369-44번지	(054)777-1366
	로뎀성폭력상담소	경산시 진량읍 부기리 153-1번지	(053)853-5276

7. 부산·울산·경남 지역 성폭력상담소 (17개소)

지역	상담소	주소	전화번호
경남	경남여성회 부설 성가족상담소	마산시오동동17-135번지 가고파오피스텔505호	(055)244-8400
	진주여성민우회부설 성폭력상담소	진주시 평거동 203-9번지 재건빌딩 3층	(055)746-7462
	김해여성의전화 부설 성폭력상담소	김해시 부원동 656-1번지 광림빌딩 201호	(055)329-6453
	진해여성의전화 부설 성폭력상담소	진해시 풍호동 762-4번지 2층	(055)546-8322
	창원여성의전화부설 창원성폭력상담소	경남 창원시신월동 68-1 월복합상가725호	(055)267-136
	밀양성폭력상담소	밀양시 교동 1227번지 한마음타운상가 301호	(055)353-1363
	사천성가족상담센터	사천시 사천읍 정의리 117번지 3층	(055)852-9040
	양산성가족상담소	양산시 북부동 533번지 종합운동장주경기장내 155호	(055)366-6663
	거창성·가족상담소	경남 거창군 거창읍 송정리 332-3 거창선거관리위원회3층	(055)944-1829
	하동성폭력상담소	경남하동군하동을 읍내리 320-1번지	(055)883-9176
	창녕성.건강가정상담소	경남 창녕군 창녕읍 교리 1042-1번지	(055)521-1366
부산	(사)부산여성의전화 성·가정폭력상담센타	부산시 부산진구 전포2동 653-14번지	(051)817-4344
	(사)부산성폭력상담소부설 부산성폭력·가정폭력 상담소	부산시 동래구 명륜1동 533-230번지 율곡빌딩6층	(051)558-8833
	인구보건복지협회 부산지회성폭력상담소	부산시 수영구 남천1동 69-3번지	(051)624-5584
울산	한국가정법률상담소 울산지부부설 성폭력상담소	울산시 중구 성남동 57-17번지	(052)244-1366
	사회복지법인생명의전화 울산지부가정폭력· 성폭력 통합상담소	울산시 남구 옥동 591-1번지	(052)267-1366
	밝은미래복지재단부설 울산성폭력상담소	울산시 남구 신정3동 508-12번지	(052)257-1374

8. 장애인 성폭력상담소 (18개소)

지역	상담소	주소	전화번호
서울	한국여성장애인연합부설 서울여성장애인 성폭력상담소	서울시 종로구 연지동 136-46번지 기독교회관808호	(02)3675-4465
	장애여성공감장애 여성성폭력상담소	강동구 명일동 47-1번지 세종프라자 606호 (134-825)	(02)3013-1399
경기	경원사회복지회부설 여성장애인성폭력상담소	성남시 수정구 태평2동 3406번지 우일프라자602호	(031)755-2526.7
	의정부장애인 성폭력상담소	경기도 의정부시 금오동 463-10번지 태진빌딩 4층	(031)840-9203.4
충남	장애인성폭력 아산상담소	충남 아산시온천2동129-17번지	(041)541-1514.5
	충남장애인정보화협회 부설천안장애인 성폭력상담소	충남 천안시 서북부 성정동 1041번지	(041)592-6500
	대전여성장애인연대부설 대전여성장애인성폭력 상담소	대전광역시 서구 용문동 256-35번지 1층	(042)223-8866
충북	충북여성장애인연대부설 청주여성장애인성폭력 상담소	청주시 상당구 서운동 4-3번지	(043)224-9414.5
전북	인구보건복지협회 전북지회부설장애인 성폭력상담소	전주시 덕진구 인후2가 1555-4번지 1층	(063)242-8275
광주	광주여성장애인연대부설 여성장애인성폭력상담소	광주광역시 남구 사동 49-2번지	(062)654-1366
제주	제주여성장애인 성폭력상담소	제주시 일도 2동 362-4번지	(064)753-4980
대구	(사)대구여성장애인연대 부설대구여성 장애인통합상담소	대구시 달서구 대곡동 23-3번지	(053)637-6057
경북	경북여성장애인 성폭력상담소	안동시 동문동 130번지 율곡빌딩 2층	(054)843-1366

지역	상담소	주소	전화번호
경남	사계절장애인성문화담소	거제시 옥포2동 1293-1번지 옥현상가149호	(055)635-4433
	경남여성장애인연대부설 마산여성장애인 성폭력상담소	마산시 오동동17-135 가고파오피스텔502호	(055)241-5041
부산	부산여성장애인 연대부설성폭력상담소	부산 금정구 장전1동204-4번지	(051)583-7735
울산	(사)울산장애인 인권복지협회부설 울산성폭력상담센터	울산시 울주군 범서읍 천상리 18블럭 5롯트 4층	(052)246-1368
목포	전남여성장애인연대부 설목포여성장애인 성폭력상담소	전남 목포시 용해동 209-1번지 2층	(061)284-4767

9. 보호시설 현황 (17개소)

지역	상담소	주소	전화번호
서울	열림터	서울 마포구 합정동	010-3202-5085
인천	푸른희망담쟁이	인천광역시 남구용현동	017-416-7130
부산	양지터	부산 연제구 연산동	010-2575-5536
	부산여성사랑의집	부산 금정구 장전동	010-5719-9669
경기	수원시여성의 쉼터	수원시 팔달구	011-205-4998
	의정부시 사랑의쉼터	경기도 의정부시	019-556-7211
	(사)고양여성민우회부설 하담	파주시 교하읍 동패리	010-9140-1366
전북	성폭력예방치료센터 디딤터	전주시 완산구 서신동	019-467-5103
	은혜의 쉼터	군산시 미원동	010-2619-2556
제주	제주 YWCA여성의쉼터	제주시 연동	010-9838-7993
광주	광주여성민우회 다솜누리	광주광역시 북구 북동	010-8733-1170
	(사)광주여성장애인연대 성폭력피해보호시설 '샛터'	광주광역시 남구 사동	010-6608-0704
강원	베다니 쉼터	원주시 행구동	010-5362-4083
울산	밝은미래복지재단부설 징검다리	울산광역시 중구 우정동	010-3927-2598
충청	충주여성케어센터	충주시 봉방동	010-5486-7785
	모퉁잇돌	청주시 상당구 서운동	010-9604-2009
대구	아인빌	대구광역시 남구 대명동	010-5192-5263

(※보호시설특성상 장소의 보호를 위해 자세한 주소는 생략함)

전국원스톱지원센터

지역	상담소	주소	전화번호
서울	경찰병원	서울시 송파구 가락본동 58번지	(02) 3400-1117/ 3400-1700
서울	보라매병원	서울시 동작구 신대방동 425번지	(02) 870-1117 870-1700
부산	부산의료원	부산광역시 연제구 거제2동 1330번지	(051) 507-1170/ 805-0117
경북	안동의료원	경상북도 안동시 북문동 470번지	(054) 843-1117/ 843-2117
울산	동강병원	울산광역시 중구 태화동 123-3번지	(052) 246-3117/ 244-3117
강원	강원대병원	강원도 춘천시 효자3동 17-1번지	(033) 243-8117/ 244-8117
충북	청주의료원	충북 청주시 흥덕구 사직1동 554-6번지	(043) 272-7117/ 274-7117
전북	전북대병원	전북 전주시 원잠5길 42번지 (금암동 634-18)	(063) 278-0117 273-2117
인천	인천의료원	인천광역시 동구 송림동 318-1번지	(032) 582-1170/ 582-1171
대구	대구의료원	대구광역시 서구 중리동 1162번지	(053) 556-8117/ 556-9117
대전·충남	충남대학교병원	대전광역시 중구 대사동 640번지	(042) 280-8436
광주·전남	조선대학교병원	광주광역시 동구 사직동 588번지	(062) 225-3117
경남	마산의료원	경상남도 마산시 중앙동 3가 3번지	(055) 244-8117
제주	한라종합병원	제주 연동 1963-2번지 한라종합병원내	(064) 749-5117/ 749-6117
경기북부	의정부의료원	경기도 의정부시 의정부2동 433번지	(031) 874-3117/ 874-5117
경기	아주대학교병원	경기도 수원시 영통구 원천동 산5번지	(031) 216-1117

●참고문헌

김의영, 『호신술교본 초급편』, 도서출판 홍경, 2004년.
이병욱, 『경찰체포 호신술』, 인천지방경찰청발행, 2001년.
안병근, 『파워호신술』, 삼호미디어, 2004.
JOAN M. NELSON 지음, 김창우 번역, 『호신술』, 도서출판 대한미디어, 2000년.
대한신경정신의학회, "성폭력 당신의 책임이 아닙니다"
성폭력특별법
교육인적자원부 성희롱 예방지침
성폭력범죄의처벌및피해자보호등에관한법률
http://www.lawnb.com/lawinfo/link
http://www.spo.go.kr/ 대검찰청
http://www.scourt.go.kr/ 대법원
http://www.sisters.or.kr/ 한국성폭력상담소
http://cafe.daum.net/ggham/2PF1/59 : 5대범죄 발생, 검거 현황(경찰청 통계자료)
http://www.daum.net/
http://www.naver.com/
http://www.hosinsul.org/
http://www.koreasambo.com/

가림출판사 · 가림M&B · 가림Let's에서 나온 책들

문학

바늘구멍
켄 폴리트 지음 / 홍영의 옮김
신국판 / 342쪽 / 5,300원

레베카의 열쇠
켄 폴리트 지음 / 손연숙 옮김
신국판 / 492쪽 / 6,800원

암병선
니시무라 쥬코 지음 / 홍영의 옮김
신국판 / 300쪽 / 4,800원

첫키스한 얘기 말해도 될까
김정미 외 7명 지음 / 신국판 / 228쪽 / 4,000원

사미인곡 上·中·下
김충호 지음 / 신국판 / 각 권 5,000원

이내의 끝자리
박수완 스님 지음 / 국판변형 / 132쪽 / 3,000원

너는 왜 나에게 다가서야 했는지
김충호 지음 / 국판변형 / 124쪽 / 3,000원

세계의 명언
편집부 엮음 / 신국판 / 322쪽 / 5,000원

여자가 알아야 할 101가지 지혜
제인 아서 엮음 / 지창국 옮김
4×6판 / 132쪽 / 5,000원

현명한 사람이 읽는 지혜로운 이야기
이정민 엮음 / 신국판 / 236쪽 / 6,500원

성공적인 표정이 당신을 바꾼다
마츠오 도오루 지음 / 홍영의 옮김
신국판 / 240쪽 / 7,500원

태양의 법
오오카와 류우호오 지음 / 민병수 옮김
신국판 / 246쪽 / 8,500원

영원의 법
오오카와 류우호오 지음 / 민병수 옮김
신국판 / 240쪽 / 8,000원

석가의 본심
오오카와 류우호오 지음 / 민병수 옮김
신국판 / 246쪽 / 10,000원

옛 사람들의 재치와 웃음
강형중·김경익 편저 / 신국판 / 316쪽 / 8,000원

지혜의 쉼터
쇼펜하우어 지음 / 김충호 엮음
4×6판 양장본 / 160쪽 / 4,300원

헤세가 너에게
헤르만 헤세 지음 / 홍영의 엮음
4×6판 양장본 / 144쪽 / 4,500원

사랑보다 소중한 삶의 의미
크리슈나무르티 지음 / 최윤영 엮음
신국판 / 180쪽 / 4,000원

장자─어찌하여 알 속에 털이 있다 하는가
홍영의 엮음 / 4×6판 / 180쪽 / 4,000원

논어─배우고 때로 익히면 즐겁지 아니한가
신도희 엮음 / 4×6판 / 180쪽 / 4,000원

맹자─가까이 있는데 어찌 먼 데서 구하려 하는가
홍영의 엮음 / 4×6판 / 180쪽 / 4,000원

아름다운 세상을 만드는 사랑의 메시지 365
DuMont monte Verlag 엮음 / 정성호 옮김
4×6판 변형 양장본 / 240쪽 / 8,000원

황금의 법
오오카와 류우호오 지음 / 민병수 옮김
신국판 / 320쪽 / 12,000원

왜 여자는 바람을 피우는가?
기젤라 룬테 지음 / 김현성·진정미 옮김
국판 / 200쪽 / 7,000원

세상에서 가장 아름다운 선물
김인자 지음 / 국판변형 / 292쪽 / 9,000원

수능에 꼭 나오는 한국 단편 33
윤종필 엮음 / 신국판 / 704쪽 / 11,000원

수능에 꼭 나오는 한국 현대 단편 소설
윤종필 엮음 및 해설 / 신국판 / 364쪽 / 11,000원

수능에 꼭 나오는 세계단편(영미권)
지창영 옮김 / 윤종필 엮음 및 해설
신국판 / 328쪽 / 10,000원

수능에 꼭 나오는 세계단편(유럽권)
지창영 옮김 / 윤종필 엮음 및 해설
신국판 / 360쪽 / 11,000원

대왕세종 1·2·3
박충훈 지음 / 신국판 / 각 권 9,800원

세상에서 가장 소중한 아버지의 선물
최은경 지음 / 신국판 / 144쪽 / 9,500원

건강

아름다운 피부미용법
이순희(한독피부미용학원 원장) 지음
신국판 / 296쪽 / 6,000원

버섯건강요법
김병각 외 6명 지음 / 신국판 / 286쪽 / 8,000원

성인병과 암을 정복하는 유기게르마늄
이상현 편저 / 카오 샤오키 감수
신국판 / 312쪽 / 9,000원

난치성 피부병
생약효소연구원 지음 / 신국판 / 232쪽 / 7,500원

新 방약합편
정도명 편역 / 신국판 / 416쪽 / 15,000원

자연치료의학
오홍근(신경정신과 의학박사·자연의학박사) 지음
신국판 / 472쪽 / 15,000원

약초의 활용과 가정한방
이인성 지음 / 신국판 / 384쪽 / 8,500원

역전의학
이시하라 유미 지음 / 유태종 감수
신국판 / 286쪽 / 8,500원

이순희식 순수피부미용법
이순희(한독피부미용학원 원장) 지음
신국판 / 304쪽 / 7,000원

21세기 당뇨병 예방과 치료법
이현철(연세대 의대 내과 교수) 지음
신국판 / 360쪽 / 9,500원

신재용의 민의학 동의보감
신재용(해성한의원 원장) 지음 / 신국판 / 476쪽 / 10,000원

치매 알면 치매 이긴다
배오성(백상한방병원 원장) 지음
신국판 / 312쪽 / 10,000원

21세기 건강혁명 밥상 위의 보약 생식
최경순 지음 / 신국판 / 348쪽 / 9,800원

기치유와 기공수련
윤한홍(기치유 연구회 회장) 지음
신국판 / 340쪽 / 12,000원

만병의 근원 스트레스 원인과 퇴치
김지혁(김지혁한의원 원장) 지음
신국판 / 324쪽 / 9,500원

김종성 박사의 뇌졸중 119
김종성 지음 / 신국판 / 356쪽 / 12,000원

탈모 예방과 모발 클리닉
장정훈·전재홍 지음 / 신국판 / 252쪽 / 8,000원

구태규의 100% 성공 다이어트
구태규 지음 / 4×6배판 변형 / 240쪽 / 9,900원

암 예방과 치료법
이춘기 지음 / 신국판 / 296쪽 / 11,000원

알기 쉬운 위장병 예방과 치료법
민영일 지음 / 신국판 / 328쪽 / 9,900원

이온 체내혁명
노보루 야마노이 지음 / 김병관 옮김
신국판 / 272쪽 / 9,500원

어열과 사혈요법
정지천 지음 / 신국판 / 308쪽 / 12,000원

약손 경락마사지로 건강미인 만들기
고정환 지음 / 4×6배판 변형 / 284쪽 / 15,000원

정유정의 LOVE DIET
정유정 지음 / 4×6배판 변형 / 196쪽 / 10,500원

머리에서 발끝까지 예뻐지는 부분 다이어트
신상만·김선민 지음 / 4×6배판 변형 / 196쪽 / 11,000원

알기 쉬운 심장병 119
박승정 지음 / 신국판 / 248쪽 / 9,000원

알기 쉬운 고혈압 119
이정균 지음 / 신국판 / 304쪽 / 10,000원

여성을 위한 부인과질환의 예방과 치료
차선희 지음 / 신국판 / 304쪽 / 10,000원

알기 쉬운 아토피 119
이승규·임승엽·김문호·안유일 지음
신국판 / 232쪽 / 9,500원

120세에 도전한다
이권행 지음 / 신국판 / 308쪽 / 11,000원

건강과 아름다움을 만드는 요가
정판식 지음 / 4×6배판 변형 / 224쪽 / 14,000원

우리 아이 건강하고 아름답게 롱다리 만들기
김성훈 지음 / 대국전판 / 236쪽 / 10,500원

알기 쉬운 허리디스크 예방과 치료
이종서 지음 / 대국전판 / 328쪽 / 12,000원

소아 전문의에게 듣는 알기 쉬운 소아과 119
신영규·이강수·최성항지음
4×6배판 변형 / 280쪽 / 14,000원

피가 맑아야 건강하게 오래 살 수 있다
김영찬 지음 / 신국판 / 256쪽 / 10,000원

웰빙형 피부 미인을 만드는 나만의 셀프 피부건강
양해원 지음 / 대국전판 / 144쪽 / 10,000원

내 몸을 살리는 생활 속의 웰빙 항암 식품
이승남 지음 / 대국전판 / 248쪽 / 9,800원

마음한글, 느낌한글
박완식 지음 / 4×6배판 / 300쪽 / 15,000원

웰빙 동의보감식 발마사지 10분
최미희 지음 / 신재용 감수
4×6배판 변형 / 204쪽 / 13,000원

아름다운 몸, 건강한 몸을 위한 목욕 건강 30분
임하성 지음 / 대국전판 / 176쪽 / 9,500원

내가 만드는 한방생주스 60
김영섭 지음 / 국판 / 112쪽 / 7,000원

몸을 살리는 건강식품
백은희·조창호·최양진 지음
신국판 / 384쪽 / 11,000원

건강도 키우고 성적도 올리는 자녀 건강
김진돈 지음 / 대국전판 / 304쪽 / 12,000원

알기 쉬운 간질환 119
이관식 지음 / 신국판 / 264쪽 / 11,000원

밥으로 병을 고친다
허봉수 지음 / 대국전판 / 352쪽 / 13,500원

알기 쉬운 신장병
김형규 지음 / 신국판 / 240쪽 / 10,000원

마음의 감기 치료법 우울증 119
이민수 지음 / 대국전판 / 232쪽 / 9,800원

관절염 119
송영욱 지음 / 대국전판 / 224쪽 / 9,800원

내 딸을 위한 미성년 클리닉
강병문·이향아·최정원 지음
국판 / 148쪽 / 8,000원

암을 다스리는 기적의 치유법
케이 세이헤이 감수
카와키 나리카즈 지음 / 민병수 옮김
신국판 / 256쪽 / 9,000원

스트레스 다스리기
대한불안장애학회 스트레스관리연구특별위원회 지음
신국판 / 304쪽 / 12,000원

천연 식초 건강법
건강식품연구회 엮음 / 신재용(해성한의원 원장) 감수
신국판 / 252쪽 / 9,000원

암에 대한 모든 것
서울아산병원 암센터 지음 / 신국판 / 360쪽 / 13,000원

알쏭달쏭 컬러 다이어트
이승남 지음 / 국판 / 248쪽 / 10,000원

당신도 부모가 될 수 있다
정병준 지음 / 신국판 / 268쪽 / 9,500원

키 10cm 더 크는 키네스 성장법
김양수·이종균·최형규·표재환·김문희 지음
대국전판 / 312쪽 / 12,000원

당뇨병 백서
이현철·송영득·안철우 지음
4×6배판 변형 / 396쪽 / 16,000원

호흡기 클리닉 119
박성학 지음 / 신국판 / 256쪽 / 10,000원

키 쑥쑥 크는 롱다리 만들기
롱다리 성장클리닉 원장단 지음
신국판 변형 / 256쪽 / 11,000원

내 몸을 살리는 건강식품
백은희·조창호·최양진 지음
신국판 / 368쪽 / 11,000원

내 몸에 맞는 운동과 건강
하철수 지음 / 신국판 / 264쪽 / 11,000원

알기 쉬운 척추 질환 119
김수연 지음 / 신국판 변형 / 240쪽 / 11,000원

베스트 닥터 박승정 교수팀의 심장병 예방과 치료
박승정 외 5인 지음 / 신국판 / 264쪽 / 10,500원

암 전이 재발을 막아주는 한방 신치료 전략
조종관·유화승 지음 / 신국판 / 308쪽 / 11,000원

식탁 위의 위대한 혁명 사계절 웰빙 식품
김진돈 지음 / 신국판 / 284쪽 / 12,000원

우리 가족 건강을 위한 신종플루 대처법
우준희·김태형·정진원 지음 / 신국판 변형 / 172쪽 / 8,500원

교육

우리 교육의 창조적 백색혁명
원상기 지음 / 신국판 / 206쪽 / 6,000원

현대생활과 체육
조창남 외 5명 공저 / 신국판 / 340쪽 / 10,000원

퍼펙트 MBA
IAE유학네트 지음 / 신국판 / 400쪽 / 12,000원

유학길라잡이Ⅰ-미국편
IAE유학네트 지음 / 4×6배판 / 372쪽 / 13,900원

유학길라잡이Ⅱ-4개국편
IAE유학네트 지음 / 4×6배판 / 348쪽 / 13,900원

조기유학길라잡이.com
IAE유학네트 지음 / 4×6배판 / 428쪽 / 15,000원

현대인의 건강생활
박상호 외 5명 공저 / 4×6배판 / 268쪽 / 15,000원

천재아이로 키우는 두뇌훈련
나카마츠 요시로 지음 / 민병수 옮김
국판 / 288쪽 / 9,500원

두뇌혁명
나카마츠 요시로 지음 / 민병수 옮김
4×6판 양장본 / 288쪽 / 12,000원

테마별 고사성어로 익히는 한자
김경익 지음 / 4×6배판 변형 / 248쪽 / 9,800원

생생 공부비법
이승승 지음 / 대국전판 / 272쪽 / 9,500원

자녀를 성공시키는 습관만들기
배은경 지음 / 대국전판 / 232쪽 / 9,500원

한자능력검정시험 1급
한자능력검정시험연구위원회 편저
4×6배판 / 568쪽 / 21,000원

한자능력검정시험 2급
한자능력검정시험연구위원회 편저
4×6배판 / 472쪽 / 18,000원

한자능력검정시험 3급(3급Ⅱ)
한자능력검정시험연구위원회 편
4×6배판 / 440쪽 / 17,000원

한자능력검정시험 4급(4급Ⅱ)
한자능력검정시험연구위원회 편
4×6배판 / 352쪽 / 15,000원

한자능력검정시험 5급
한자능력검정시험연구위원회 편저
4×6배판 / 264쪽 / 11,000원

한자능력검정시험 6급
한자능력검정시험연구위원회 편저
4×6배판 / 168쪽 / 8,500원

한자능력검정시험 7급
한자능력검정시험연구위원회 편저
4×6배판 / 152쪽 / 7,000원

한자능력검정시험 8급
한자능력검정시험연구위원회 편저
4×6배판 / 112쪽 / 6,000원

볼링의 이론과 실기
이택상 지음 / 신국판 / 192쪽 / 9,000원

고사성어로 끝내는 천자문
조준상 글·그림 / 4×6배판 / 216쪽 / 12,000원

논술 종합 비타민
김종원 지음 / 신국판 / 200쪽 / 9,000원

내 아이 스타 만들기
김민성 지음 / 신국판 / 200쪽 / 9,000원

교육 1번지 강남 엄마들의 수험생 자녀 관리
황송주 지음 / 신국판 / 288쪽 / 9,500원

초등학생이 꼭 알아야 할 위대한 역사 상식
우진영·이양경 지음
4×6배판 변형 / 228쪽 / 9,500원

초등학생이 꼭 알아야 할 행복한 경제 상식
우진영·전선심 지음
4×6배판 변형 / 224쪽 / 9,500원

초등학생이 꼭 알아야 할 재미있는 과학상식
우진영·정경희 지음
4×6배판 변형 / 220쪽 / 9,500원

한자능력검정시험 3급·3급Ⅱ
한자능력검정시험연구위원회 편저
4×6배판 / 380쪽 / 7,500원

교과서 속에 꼭꼭 숨어있는 이색박물관 체험
이신화 지음 / 대국전판 / 248쪽 / 12,000원

초등학생 독서 논술(저학년)
책마루 독서교육연구회 지음
4×6배판 / 244쪽 / 14,000원

초등학생 독서 논술(고학년)
책마루 독서교육연구회 지음
4×6배판 / 264쪽 / 14,000원

놀면서 배우는 경제
김솔 지음 / 대국전판 / 196쪽 / 10,000원

건강생활과 레저스포츠 즐기기
강선희 외 11명 공저 / 4×6배판 / 324쪽 / 18,000원

아이의 미래를 바꿔주는 좋은 습관
배은경 지음 / 신국판 / 216쪽 / 9,500원

다중지능 아이의 미래를 바꾼다
이소영 외 6인 지음 / 신국판 / 232쪽 / 11,000원

체육학 자연과학 및 사회과학 분야의 석·박사 학위 논문, 학술진흥재단 등재지, 등재후보지와 관련된 학회지 논문 작성법
하철수·김봉경 지음 / 신국판 / 336쪽 / 15,000원

공부가 제일 쉬운 공부 달인 되기
이은승 지음 / 신국판 / 256쪽 / 10,000원

글로벌 리더가 되려면 영어부터 정복하라
서재희 지음 / 신국판 / 276쪽 / 11,500원

중국현대30년사
정재일 지음 / 신국판 / 364쪽 / 20,000원

취미 실용

김진국과 같이 배우는 와인의 세계
김진국 지음
국배판 변형 양장본(올컬러) / 208쪽 / 30,000원

배스낚시 테크닉
이종건 지음 / 4×6배판 / 440쪽 / 20,000원

나도 디지털 전문가 될 수 있다!!!
이승훈 지음 / 4×6배판 / 320쪽 / 19,200원

건강하고 아름다운 동양란 기르기
난마을 지음 / 4×6배판 변형 / 184쪽 / 12,000원

애완견114
황양원 엮음 / 4×6배판 변형 / 228쪽 / 13,000원

경제경영

CEO가 될 수 있는 성공법칙 101가지
김승룡 편역 / 신국판 / 320쪽 / 9,500원

정보소프트
김승룡 지음 / 신국판 / 324쪽 / 6,000원

기획대사전
다카하시 겐코 지음 / 홍영의 옮김
신국판 / 552쪽 / 19,500원

맨손창업 · 맞춤창업 BEST 74
양혜숙 지음 / 신국판 / 416쪽 / 12,000원

무자본, 무점포 창업! FAX 한 대면 성공한다
다카시로 고시 지음 / 홍영의 옮김
신국판 / 226쪽 / 7,500원

성공하는 기업의 인간경영
중소기업 노무 연구회 편저 / 홍영의 옮김
신국판 / 368쪽 / 11,000원

21세기 IT가 세계를 지배한다
김광희 지음 / 신국판 / 380쪽 / 12,000원

경제기사로 부자아빠 만들기
김기태 · 신현태 · 박근수 공저
신국판 / 388쪽 / 12,000원

포스트 PC의 주역 정보가전과 무선인터넷
김광희 지음 / 신국판 / 356쪽 / 12,000원

성공하는 사람들의 마케팅 바이블
채수명 지음 / 신국판 / 328쪽 / 12,000원

느린 비즈니스로 돌아가라
사카모토 게이이치 지음 / 정성호 옮김
신국판 / 276쪽 / 9,000원

적은 돈으로 큰돈 벌 수 있는 부동산 재테크
이원재 지음 / 신국판 / 340쪽 / 12,000원

바이오혁명
이주영 지음 / 신국판 / 328쪽 / 12,000원

성공하는 사람들의 자기혁신 경영기술
채수명 지음 / 신국판 / 344쪽 / 12,000원

CFO 교넨 토요오 · 타하라 오키시 지음
민병수 옮김 / 신국판 / 312쪽 / 12,000원

네트워크시대 네트워크마케팅
임동학 지음 / 신국판 / 376쪽 / 12,000원

성공리더의 7가지 조건
다이앤 트레이시 · 윌리엄 모전 지음
지창영 옮김 / 신국판 / 360쪽 / 13,000원

김종결의 성공창업
김종결 지음 / 신국판 / 340쪽 / 12,000원

최적의 타이밍에 내 집 마련하는 기술
이원재 지음 / 신국판 / 248쪽 / 10,500원

컨설팅 세일즈 Consulting sales
임동학 지음 / 대국전판 / 336쪽 / 13,000원

연봉 10억 만들기
김농주 지음 / 국판 / 216쪽 / 10,000원

주5일제 근무에 따른 한국형 주말창업
최효진 지음 / 신국판 변형 양장본 / 216쪽 / 10,000원

돈 되는 땅 돈 안되는 땅
김영준 지음 / 신국판 / 320쪽 / 13,000원

돈 버는 회사로 만들 수 있는 109가지
다카하시 도시노리 지음 / 민병수 옮김
신국판 / 344쪽 / 13,000원

프로는 디테일에 강하다
김미현 지음 / 신국판 / 248쪽 / 9,000원

머니투데이 송복규 기자의 부동산으로 주머니돈 100배 만들기
송복규 지음 / 신국판 / 328쪽 / 13,000원

성공하는 슈퍼마켓&편의점 창업
나명환 지음 / 4×6배판 변형 / 500쪽 / 28,000원

대한민국 성공 재테크 부동산 펀드와 리츠로 승부하라
김영준 지음 / 신국판 / 256쪽 / 12,000원

마일리지 200% 활용하기
박성희 지음 / 국판 변형 / 200쪽 / 8,000원

1%의 가능성에 도전, 성공 신화를 이룬 여성 CEO
김미현 지음 / 신국판 / 248쪽 / 9,500원

3천만 원으로 부동산 재벌 되기
최수길 · 이숙 · 조연희 지음
신국판 / 290쪽 / 12,000원

10년을 앞설 수 있는 재테크
노동규 지음 / 신국판 / 260쪽 / 10,000원

세계 최강을 추구하는 도요타 방식
나카야마 키요타카 지음 / 민병수 옮김
신국판 / 296쪽 / 12,000원

최고의 설득을 이끌어내는 프레젠테이션
조두환 지음 / 신국판 / 296쪽 / 11,000원

최고의 만족을 이끌어내는 창의적 협상
조강희 · 조원희 지음 / 신국판 / 248쪽 / 10,000원

New 세일즈 기법 물건을 팔지 말고 가치를 팔아라
조기선 지음 / 신국판 / 264쪽 / 9,500원

작은 회사는 전략이 달라야 산다
황문진 지음 / 신국판 / 312쪽 / 11,000원

돈되는 슈퍼마켓&편의점 창업전략(입지편)
나명환 지음 / 신국판 / 352쪽 / 13,000원

25 · 35 꼼꼼 여성 재테크
정원훈 지음 / 신국판 / 224쪽 / 11,000원

대한민국 2030 독특하게 창업하라
이상헌 · 이호 지음 / 신국판 / 288쪽 / 12,000원

왕초보 주택 경매로 돈 벌기
천관성 지음 / 신국판 / 268쪽 / 12,000원

New 마케팅 기법 (실천편) 물건을 팔지 말고 가치를 팔아라 2
조기선 지음 / 신국판 / 240쪽 / 10,000원

퇴출 두려워 마라 홀로서기에 도전하라
신정수 지음 / 신국판 / 256쪽 / 11,500원

슈퍼마켓&편의점 창업 바이블
나명환 지음 / 신국판 / 280쪽 / 12,000원

위기의 한국 기업 재창조하라
신정수 지음 / 신국판 양장본 / 304쪽 / 15,000원

취업 닥터
신정수 지음 / 신국판 / 272쪽 / 13,000원

합법적으로 확실하게 세금 줄이는 방법
최성호, 김기근 지음 / 대국전판 / 372쪽 / 16,000원

선거수첩
김용한 엮음 / 4×6판 / 184쪽 / 9,000원

주식

개미군단 대박맞ои 주식투자
홍성걸(한양증권 투자분석팀 팀장) 지음
신국판 / 310쪽 / 9,500원

알고 하자! 돈 되는 주식투자
이길영 외 2명 공저 / 신국판 / 388쪽 / 12,500원

항상 당하기만 하는 개미들의 매도 · 매수타이밍 999% 적중 노하우
강경무 지음 / 신국판 / 336쪽 / 12,000원

부자 만들기 주식성공클리닉
이창희 지음 / 신국판 / 372쪽 / 11,500원

선물 · 옵션 이론과 실전매매
이창희 지음 / 신국판 / 372쪽 / 12,000원

너무나 쉬워 재미있는 주가차트
홍성무 지음 / 4×6배판 / 216쪽 / 15,000원

주식투자 직접 투자로 높은 수익을 올릴 수 있는 비결
김학균 지음 / 신국판 / 230쪽 / 11,000원

억대 연봉 증권맨이 말하는 슈퍼 개미의 수익 나는 원리
임정규 지음 / 신국판 / 248쪽 / 12,500원

역학

역리종합 만세력
정도명 편저 / 신국판 / 532쪽 / 10,500원

작명대전
정보국 지음 / 신국판 / 460쪽 / 12,000원

하락이수 해설
이천교 편저 / 신국판 / 620쪽 / 27,000원

현대인의 창조적 관상과 수상
백운산 지음 / 신국판 / 344쪽 / 9,000원

대운용신영부적
정재원 지음 / 신국판 양장본 / 750쪽 / 39,000원

사주비결활용법
이세진 지음 / 신국판 / 392쪽 / 12,000원

컴퓨터세대를 위한 新 성명학대전
박용찬 지음 / 신국판 / 388쪽 / 11,000원

길흉화복 꿈풀이 비법
백운산 지음 / 신국판 / 410쪽 / 12,000원

새천년 작명컨설팅
정재원 지음 / 신국판 / 492쪽 / 13,900원

백운산의 신세대 궁합
백운산 지음 / 신국판 / 304쪽 / 9,500원

동자삼 작명학
남시모 지음 / 신국판 / 496쪽 / 15,000원

구성학의 기초
문길여 지음 / 신국판 / 412쪽 / 12,000원

소울음소리
이건우 지음 / 신국판 / 314쪽 / 10,000원

법률일반

여성을 위한 성범죄 법률상식
조명원(변호사) 지음 / 신국판 / 248쪽 / 8,000원

아파트 난방비 75% 절감방법
고영근 지음 / 신국판 / 238쪽 / 8,000원

일반인이 꼭 알아야 할 절세전략 173선
최성호(공인회계사) 지음 / 신국판 / 392쪽 / 12,000원

변호사와 함께하는 부동산 경매
최환주(변호사) 지음 / 신국판 / 404쪽 / 13,000원

혼자서 쉽고 빠르게 할 수 있는 소액재판
김재용·김종철 공저 / 신국판 / 312쪽 / 9,500원

"술 한 잔 사겠다"는 말에서 찾아보는 채권·채무
변환철(변호사) 지음 / 신국판 / 408쪽 / 13,000원

알기쉬운 부동산 세무 길라잡이
이건우(세무서 재산계장) 지음
신국판 / 400쪽 / 13,000원

알기쉬운 어음, 수표 길라잡이
변환철(변호사) 지음 / 신국판 / 328쪽 / 11,000원

제조물책임법
강동근(변호사)·윤종성(검사) 공저
신국판 / 368쪽 / 13,000원

알기 쉬운 주5일근무에 따른 임금·연봉제 실무
문강분(공인노무사) 지음
4×6배판 변형 / 544쪽 / 35,000원

변호사 없이 당당히 이길 수 있는 형사소송
김대환 지음 / 신국판 / 304쪽 / 13,000원

변호사 없이 당당히 이길 수 있는 민사소송
김대환 지음 / 신국판 / 412쪽 / 14,500원

혼자서 해결할 수 있는 교통사고 Q&A
조명원(변호사) 지음 / 신국판 / 336쪽 / 12,000원

알기 쉬운 개인회생·파산 신청법
최재구(법무사) 지음 / 신국판 / 352쪽 / 13,000원

생활법률

부동산 생활법률의 기본지식
대한법률연구회 지음 / 김원중(변호사) 감수
신국판 / 472쪽 / 13,000원

고소장·내용증명 생활법률의 기본지식
하태웅(변호사) 지음 / 신국판 / 440쪽 / 12,000원

노동 관련 생활법률의 기본지식
남동희(공인노무사) 지음 / 신국판 / 528쪽 / 14,000원

외국인 근로자 생활법률의 기본지식
남동희(공인노무사) 지음 / 신국판 / 400쪽 / 12,000원

계약작성 생활법률의 기본지식
이상도(변호사) 지음 / 신국판 / 560쪽 / 14,500원

지적재산 생활법률의 기본지식
이상도(변호사)·조의제(변리사) 공저
신국판 / 496쪽 / 14,000원

부당노동행위와 부당해고 생활법률의 기본지식
박영수(공인노무사) 지음 / 신국판 / 432쪽 / 14,000원

주택·상가임대차 생활법률의 기본지식
김운용(변호사) 지음 / 신국판 / 480쪽 / 14,000원

하도급거래 생활법률의 기본지식
김진홍(변호사) 지음 / 신국판 / 440쪽 / 14,000원

이혼소송과 재산분할 생활법률의 기본지식
박동섭(변호사) 지음 / 신국판 / 460쪽 / 14,000원

부동산등기 생활법률의 기본지식
정상태(법무사) 지음 / 신국판 / 456쪽 / 14,000원

기업경영 생활법률의 기본지식
안동섭(단국대 교수) 지음 / 신국판 / 466쪽 / 14,000원

교통사고 생활법률의 기본지식
박정무(변호사)·전병찬 공저
신국판 / 480쪽 / 14,000원

소송서식 생활법률의 기본지식
김대환 지음 / 신국판 / 480쪽 / 14,000원

호적·가사소송 생활법률의 기본지식
정주수(법무사) 지음 / 신국판 / 516쪽 / 14,000원

상속과 세금 생활법률의 기본지식
박동섭(변호사) 지음 / 신국판 / 480쪽 / 14,000원

담보·보증 생활법률의 기본지식
류창호(법학박사) 지음 / 신국판 / 436쪽 / 14,000원

소비자보호 생활법률의 기본지식
김성천(법학박사) 지음 / 신국판 / 504쪽 / 15,000원

판결·공정증서 생활법률의 기본지식
정상태(법무사) 지음 / 신국판 / 312쪽 / 13,000원

산업재해보상보험 생활법률의 기본지식
정유석(공인노무사) 지음 / 신국판 / 384쪽 / 14,000원

처세

성공적인 삶을 추구하는 여성들에게 우먼파워
조안 커너·모이라 레이너 공저 / 지창영 옮김
신국판 / 352쪽 / 8,800원

話 이익이 되는 말 話 손해가 되는 말
우메사마 미요 지음 / 정성호 옮김
신국판 / 304쪽 / 9,000원

성공하는 사람들의 화술테크닉
민영욱 지음 / 신국판 / 320쪽 / 9,500원

부자들의 생활습관 가난한 사람들의 생활습관
다케우치 야스오 지음 / 홍영의 옮김
신국판 / 320쪽 / 9,800원

코끼리 귀를 당긴 원숭이-히딩크식 창의력을 배우자
강충인 지음 / 신국판 / 208쪽 / 8,500원

성공하려면 유머와 위트로 무장하라
민영욱 지음 / 신국판 / 292쪽 / 9,500원

등소평의 오뚝이전략
조창남 편저 / 신국판 / 304쪽 / 9,500원

노무현 화술과 화법을 통한 이미지 변화
이현정 지음 / 신국판 / 320쪽 / 10,000원

성공하는 사람들의 토론의 법칙
민영욱 지음 / 신국판 / 280쪽 / 9,500원

사람은 칭찬을 먹고산다
민영욱 지음 / 신국판 / 268쪽 / 9,500원

사과의 기술
김농주 지음 / 신국판 변형 양장본 / 200쪽 / 10,000원

취업 경쟁력을 높여라
김농주 지음 / 신국판 / 280쪽 / 12,000원

유비쿼터스시대의 블루오션 전략
최양진 지음 / 신국판 / 248쪽 / 10,000원

나만의 블루오션 전략 - 화술편
민영욱 지음 / 신국판 / 254쪽 / 10,000원

희망의 씨앗을 뿌리는 20대를 위하여
우광균 지음 / 신국판 / 172쪽 / 8,000원

끌리는 사람이 되기위한 이미지 컨설팅
홍순아 지음 / 대국전판 / 194쪽 / 10,000원

글로벌 리더의 소통을 위한 스피치
민영욱 지음 / 신국판 / 328쪽 / 10,000원

오바마처럼 꿈에 미쳐라
정영순 지음 / 신국판 / 208쪽 / 9,500원

여자 30대, 내 생애 최고의 인생을 만들어라
정영순 지음 / 신국판 / 256쪽 / 11,500원

인맥의 달인을 넘어 인맥의 神이 되라
서필환·봉은희 지음 / 신국판 / 304쪽 / 12,000원

아임 파인(I'm Fine!)
오오카 와 류우호오 지음 / 4×6판 / 152쪽 / 8,000원

미셸 오바마처럼 사랑하고 성공하라
정영순 지음 / 신국판 / 224쪽 / 10,000원

용기의 법
오오카와 류우호오 지음 / 국판 / 208쪽 / 10,000원

긍정의 신
김태광 지음 / 신국판변형 / 230쪽 / 9,500원

위대한 결단
이채윤 지음 / 신국판 / 316쪽 / 15,000원

명상

명상으로 얻는 깨달음
달라이 라마 지음 / 지창영 옮김
국판 / 320쪽 / 9,000원

어학

2진법 영어
이상도 지음 / 4×6배판 변형 / 328쪽 / 13,000원

한 방으로 끝내는 영어
고제윤 지음 / 신국판 / 316쪽 / 9,800원

한 방으로 끝내는 영단어
김승엽 지음 / 김수경 · 카렌다 감수
4×6배판 변형 / 236쪽 / 9,800원

해도해도 안 되던 영어회화 하루에 30분씩 90일이면 끝낸다
Carrot Korea 편집부 지음
4×6배판 변형 / 260쪽 / 11,000원

바로 활용할 수 있는 기초생활영어
김수경 지음 / 신국판 / 240쪽 / 10,000원

바로 활용할 수 있는 비즈니스영어
김수경 지음 / 신국판 / 252쪽 / 10,000원

생존영어55
홍일록 지음 / 신국판 / 224쪽 / 8,500원

필수 여행영어회화
한현숙 지음 / 4×6판 변형 / 328쪽 / 7,000원

필수 여행일어회화
윤영자 지음 / 4×6판 변형 / 264쪽 / 6,500원

필수 여행중국어회화
이은진 지음 / 4×6배판 변형 / 256쪽 / 7,000원

영어로 배우는 중국어
김승엽 지음 / 신국판 / 216쪽 / 9,000원

필수 여행 스페인어회화
유연창 지음 / 4×6판 변형 / 288쪽 / 7,000원

바로 활용할 수 있는 홈스테이 영어
김형주 지음 / 신국판 / 184쪽 / 9,000원

필수 여행 러시아어회화
이은수 지음 / 4×6판 변형 / 248쪽 / 7,500원

여행

우리 땅 우리 문화가 살아 숨쉬는 옛터
이형권 지음 / 대국전판(올컬러) / 208쪽 / 9,500원

아름다운 산사
이형권 지음 / 대국전판(올컬러) / 208쪽 / 9,500원

맛과 멋이 있는 낭만의 카페
박성찬 지음 / 대국전판(올컬러) / 168쪽 / 9,900원

한국의 숨어 있는 아름다운 풍경
이중원 지음 / 대국전판(올컬러) / 208쪽 / 9,900원

사람이 있고 자연이 있는 아름다운 명산
박기성 지음 / 대국전판(올컬러) / 176쪽 / 12,000원

마음의 고향을 찾아가는 여행 포구
김인자 지음 / 대국전판(올컬러) / 224쪽 / 14,000원

생명이 살아 숨쉬는 한국의 아름다운 강
민병준 지음 / 대국전판(올컬러) / 168쪽 / 12,000원

틈나는 대로 세계여행
김재관 지음
4×6배판 변형(올컬러) / 368쪽 / 20,000원

풍경 속을 걷는 즐거운 명상 산책
김인자 지음 / 대국전판(올컬러) / 224쪽 / 14,000원

3. 3. 7 세계여행
김완수 지음
4×6배판 변형(올컬러) / 280쪽 / 12,900원

레포츠

수영이의 브라질 축구 탐방 삼바 축구, 그들은 강하다
이수열 지음 / 신국판 / 280쪽 / 8,500원

마라톤, 그 아름다운 도전을 향하여
빌 로저스 · 프리실라 웰치 · 조 헨더슨 공저
오인환 감수 / 지창영 옮김
4×6배판 / 320쪽 / 15,000원

인라인스케이팅 100%즐기기
임미숙 지음 / 4×6배판 변형 / 172쪽 / 11,000원

스키 100% 즐기기
김동환 지음 / 4×6배판 변형 / 184쪽 / 12,000원

태권도 총론
하웅의 지음 / 4×6배판 / 288쪽 / 15,000원

수영 100% 즐기기
김종만 지음 / 4×6배판 변형 / 248쪽 / 13,000원

건강을 위한 웰빙 걷기
이강옥 지음 / 대국전판 / 280쪽 / 10,000원

쉽고 즐겁게! 신나게! 배우는 재즈댄스
최재선 지음 / 4×6배판 변형 / 200쪽 / 12,000원

해양스포츠 카이트보딩
김남용 편저 / 신국판(올컬러) / 152쪽 / 18,000원

골프

퍼팅 메커닉
이근택 지음 / 4×6배판 변형 / 192쪽 / 18,000원

아마골프 가이드
정영호 지음 / 4×6배판 변형 / 216쪽 / 12,000원

골프 100타 깨기
김준모 지음 / 4×6배판 변형 / 136쪽 / 10,000원

골프 90타 깨기
김캡 지음 / 4×6배판 변형 / 148쪽 / 11,000원

KLPGA 최여진 프로의 센스 골프
최여진 지음
4×6배판 변형(올컬러) / 188쪽 / 13,900원

KTPGA 김준모 프로의 파워 골프
김준모 지음
4×6배판 변형 / 192쪽 / 13,900원

골프 80타 깨기
오태훈 지음 / 4×6배판 변형 / 132쪽 / 10,000원

신나는 골프 세상
유응열 지음 / 4×6배판 변형(올컬러) / 232쪽 / 16,000원

이신 프로의 더 퍼펙트
이신 지음 / 국배판 변형 / 336쪽 / 28,000원

주니어출신 박영진 프로의 주니어골프
박영진 지음
4×6배판 변형(올컬러) / 164쪽 / 11,000원

골프 손자병법
유응열 지음
4×6배판 변형(올컬러) / 212쪽 / 16,000원

박영진 프로의 주말 골퍼 100타 깨기
박영진 지음
4×6배판 변형(올컬러) / 160쪽 / 12,000원

10타 줄여주는 클럽 피팅
현세용 · 서주석 공저
4×6배판 변형 / 184쪽 / 15,000원

단기간에 싱글이 될 수 있는 원포인트 레슨
권용진 · 김준하 지음
4×6배판 변형(올컬러) / 152쪽 / 12,500원

이신 프로의 더 퍼펙트 쇼트 게임
이신 지음
국배판 변형(올컬러) / 248쪽 / 20,000원

인체에 가장 잘 맞는 스킨 골프
박길석 지음
국배판 변형 양장본(올컬러) / 312쪽 / 43,000원

여성실용

결혼준비, 이제 놀이가 된다
김창규 · 김수경 · 김정철 지음
4×6배판 변형(올컬러) / 230쪽 / 13,000원

아동

꿈도둑의 비밀
이소영 지음 / 신국판 / 136쪽 / 7,500원

생활 호신술 및 성폭력의 유형과 예방

2010년 3월 20일 제1판 1쇄 발행

지은이/신현무
펴낸이/강선희
펴낸곳/가림출판사

등록/1992. 10. 6. 제4-191호
주소/서울시 광진구 구의동 57-71 부원빌딩 4층
대표전화/458-6451   팩스/458-6450
홈페이지 http://www.galim.co.kr
전자우편 galim@galim.co.kr

값 13,000원

ⓒ 신현무, 2010

무단 복제·전재를 절대 금합니다.

ISBN 978-89-7895-334-4 03690

가림출판사·가림M&B·가림Let's의 홈페이지(http://www.galim.co.kr)에 들어오시면 가림출판사·가림M&B·가림Let's의 신간도서 및 출간 예정 도서를 포함한 모든 책들을 만나실 수 있습니다.
온라인 서점을 통하여 직접 도서 구입도 하실 수 있으며 가림 홈페이지 내에서 전국 대형 서점들의 사이트에 링크하시어 종합 신간 안내 및 각종 도서 정보, 책과 관련된 문화 정보를 받아보실 수 있습니다.
또한 홈페이지 방문시 회원으로 가입하시면 신간 안내 자료를 보내드립니다.